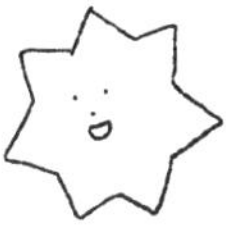

ひきたよしあき

あなたを全力で肯定する言葉

辰巳出版

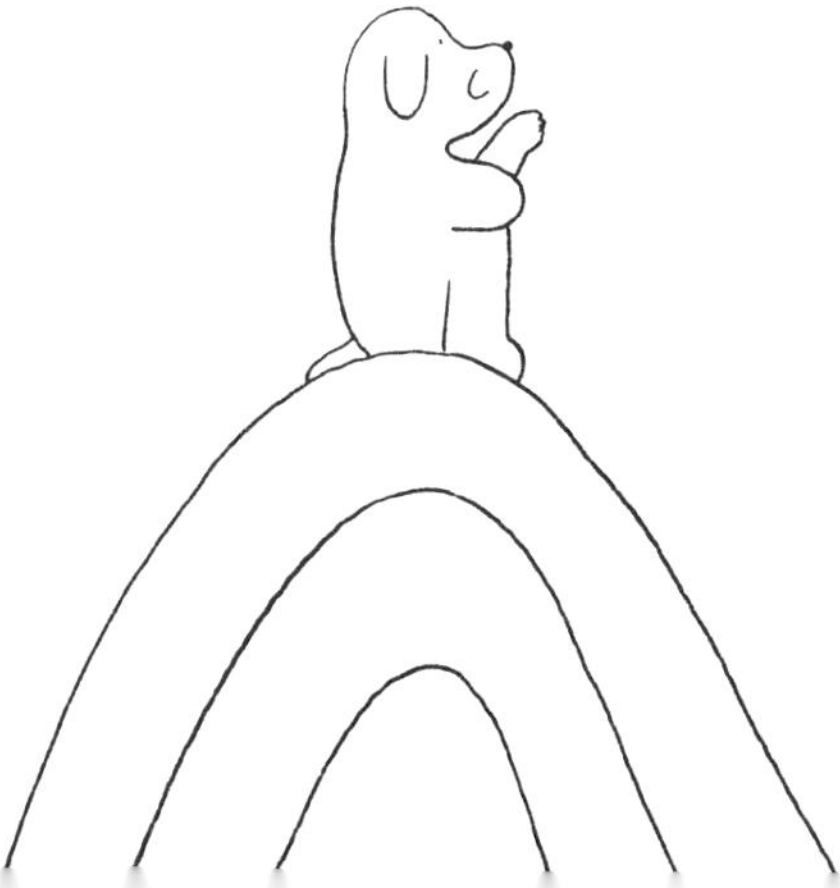

はじめに

あなたを全力で肯定する理由

広告会社で働きながら、10年近く大学で教鞭をとってきました。

毎年入れ替わる学生たち。

同じように見えて、コミュニケーションの方法が、少しずつ変わっています。

特にここ2、3年感じるのは、話し始める前に、〝エクスキューズ〟をつける人が急増していることです。


「人と話すのが苦手なもので」

「少しコミュ障入っているので」

「いつも支離滅裂になっちゃうんですけど」


これは学生に限った話ではありません。企業研修の講師に招かれたときも、小中学校の先生と話すときにも、先に言い訳する人が増えています。

「私は、ＩＴが苦手でして」

「私、もう歳ですから」

「昭和の人間なもので」

と言ってから話す。

しかし、ほとんどの人が、話してみると何一つ問題はありません。普通に話せるし、話がわかりにくいわけでもありません。


「最初に『話すのが苦手』って言ったけど、うまく話せていますよ」

と言うと、驚いた顔をする。そして細かく手を振って、

「全然、そんなことありません。今もドキドキして、もう、ダメなんです」

といった反応が返ってきます。

本人は、「話すのが苦手」かもしれない。しかし、「相手に伝える力」は十分にある。

いちいち〝エクスキューズ〟を入れて、「厳しいジャッジ」を免除してもらおうとする必要が全くないのです。

「話すのが苦手」は、あくまで自分の判断。

きっと誰かと比較して、「私は、あの人と比べて、うまく話せない」と決めつけているの

でしょう。

自虐の言葉はあなたを縛る

子どもの頃、家に『家庭の医学事典』という分厚い本がありました。面白半分に読んでみると、「肝臓を患うと、顔色が悪くなり、体に痒みが出て、だるくなる」なんて書いてありました。

これを読んだ途端、「あれ、そういえば今日は体が重いな」と思ったのです。

鏡を覗くと、前に比べて顔がドス黒い気がする。急に背中が痒くなってきた。

私の中で、「肝臓病かもしれない」という意識が芽生え、それからしばらく「肝臓病の私」というレッテルを自分に貼って暮らすはめになりました。医者の診断で決めるべき「病気のレッテル」を素人判断で貼ってしまったのです。

一度こうした「負のレッテル」を自分に貼ると、脳はせっせとその事実を証明しようとします。

「そういえば、昨日食欲がなかった」

「あ、あのとき太田さんから、『暗い顔をしている』と言われた」

なんてことが次々と思い出されてくる。

レッテルは、ますます強固になり、「肝臓病の私」は、〃フリージングワード〃（脳を凍らせて動かなくする言葉）となって自分を規定してしまいます。

人間といっても、動物。大切なのは命を守ることです。そのためには、「これは危険だ」「自分や仲間に危害を加えそうだ」といったネガティブな情報の方を優先するからです。

今は、この〃フリージングワード〃があちこちにあります。

ネットをひらけば「自己肯定感が低い」「コミュ障」「ひきこもり」「うつ」なんて言葉が出てきます。本来厳しく管理されるべき専門用語が、個人の解釈、偏見、わずかな体験談で語られています。中には、「自己肯定感の高低」を測るテストや占いめいたものまであって、「私はこれにあてはまる」と思ってしまいます。

自分で自分に貼りつけた「レッテル」を剥がそう

しかし、「自虐の言葉」は、時に毒矢となって、自分の心に刺さってきます。

人と話す前に〃エクスキューズ〃をつけてしまうのは、さまざまな情報を通じて、自分に毒矢を向けてしまった証明のように思えるのです。

本書には、多種多様な「お悩み」をもつ人々が登場します。

「自己肯定感が低い」「コミュ障」「不寛容」「ネガティブ思考」「口下手」「性格が悪すぎる」「コスパが悪い」「ダメ上司」「社畜」「問題意識が強すぎる」「本気で人を好きになれない」「母親失格」「モテない男」「都合のいい女」「親を大切にできない」「若い子に勝てない」「アピールポイントがない」「老害」「変われない」「夢がない」「向上心がない」……

あなたにあてはまるものもあるのではないでしょうか。

この「お悩み」のように自分の性格、気質、状況を「言語化」すると、自己分析をした気持ちになれるし、人にも自分のことを手っ取り早く伝えられます。自虐めいて自分を表現することで、相手と適度な距離感を保ちたいという潜在意識もあるかもしれません。

しかし、このような「レッテル貼り」こそが、悩みを解決するときの大きな弊害になると私は思っています。

あなたを全力で肯定します

私は、自分に「負のレッテル」を貼ってしまった若者を、たくさん見てきました。小学生に向けた授業もやっているので、子どもや保護者の方にも数多くいることを知っています。働き盛りの人たちのなかにも、こうした空気が蔓延しています。

自信のない人、自己肯定感の低い人、コミュニケーションが苦手な人などを、言葉の力で、なんとか応援したい。

そう思って、たくさんの本を書き、あちこちで講義もしてきました。

その結果わかったことは、海の底でうずくまっている人が海面に出るまでいっしょに泳いでくれる人の大切さ。その存在を全力で肯定し、「負のレッテル」を剝がしてくれる「言葉」のありがたさです。

私自身、こうした「言葉」によってシビアな時期を乗り越えてきました。

及ばずながら、苦しんでいる人といっしょに海面を目指したこともあります。

そんな経験を生かしながら、「言葉」の力で、あなたをサポートさせてください。

海面にぱっと顔を出し、新鮮な空気と、青い空をあなたといっしょに見られるように、あなたを、全力で肯定する「言葉」をお届けします。

contents

part.
1
あなたはそんなに、ダメなやつじゃないよ

part. 4

あなたなら、だいじょうぶ

part.
1

あなたはそんなに、
ダメなやつじゃないよ

レッテル
1

自己肯定感が低いです。

特段「何もできない」わけではないですが、
これといって得意なものも打ち込めるものもなく、
自己肯定感が低いです。
何も成し遂げていない自分に対し、
常にぼんやりとした不安を抱えています。
だから新しいことを始める自信がないし、
人付き合いもいまいち積極的になれません。

―― いもがゆ（23歳）

自己肯定感を手放そう

いもがゆさん、メッセージをありがとう。

「常にぼんやりとした不安を抱えている」って、文豪・芥川龍之介みたいですね。

芥川さんも「将来に対するただぼんやりした不安」を抱えて生きていました。

繊細で、文才のある人は、昔からこういう悩みを抱えやすい。いもがゆさんも、すごい才能を秘めているかもね。

競争すれば自己肯定感の高低が出る

さて、「自己肯定感」の話をします。

進学校として有名なある中学の校長先生が、私にこう言いました。

一番の問題は、生徒の自己肯定感の低さなんです。

世間では、進学校だからみんな自信があるように見ている。しかし、実態は逆です。横を見れば、自分よりできる人がいる。勉強ができても、スポーツで負ける。発表のうまさでかなわない。誰かと比較して、『あの子よりできない』と思う。

それで、自己肯定感が低くなる。

みんな、いい子なんですけどね。

泣く子も黙る進学校の生徒なんて、鼻持ちならないほど自信にあふれているのかなと思ったら、そうじゃない。競争が激しければ、それだけ自己肯定感の高低に悩まされるようです。

この学校に限った話ではありません。

霞が関の官庁に行っても、メガバンクでも商社でも、大学に行っても、地方の小さな小学校でさえ、「人と比べて劣っている。私には自己肯定できるものがない」とみんなが言います。

日本は今、「一億総自己肯定感の低い社会」になっているというのが私の実感です。

「自己肯定感」なんて言葉はなかった

ところが、私はこの「自己肯定感」という言葉が、いまいちピンとこないんです。申し訳ないけど実感がありません。だって、私が若い頃には、「自己肯定感」という言葉自体がなかったんだから。

「自己肯定感」は、１９９４年に臨床心理学者の高垣忠一郎さんが提唱した言葉です。

その後、日本の子どもの自己評価がアメリカ、中国、韓国などに比べて低いという国際比較の調査結果が出て、「自己肯定感の低い日本の子ども」が話題になりました。

23歳というと、ちょうど「自己肯定感が低い子どもが多いからなんとかせねば」という機運、いわば「自己肯定感ブーム」の真っ只中で成長してきたことになります。

さらには、ＳＮＳによって「いいね」の数や「炎上の不安」など、「他人の評価」が肥大されていく。

生きにくい時代だよね。

何かに手を出すのが億劫になったり、怖く思うのは当然だと思います。

「思考の整理」を専門に研究されている鈴木進介氏によれば、現代人の一日の情報量は、「平安時代の人の一生分」「江戸時代の人の一年分」にあたるとか。猛烈な情報の濁流の中、なんとか生きようとしている自分の心と体のがんばりを、「よくやっている」「ありがとう」と労いたくなりますよね。

明石家さんまさんが言っている「生きているだけで丸もうけ」――別に何も成し遂げなくてもいいと思うくらいでちょうどいい。

まずは、このあたりのスタンスで考えたいと思います。

「自己肯定感が低い」というレッテルを剝がそう

欧米や近隣諸国に比べて子どもの自己肯定感が低いと言うけれど、そもそも日本とは社会環境が違います。

向こうでは「私は、できる。自信がある」と言わなければ生きていけないのかもしれない。生活水準や宗教観の違いにより自分の境遇に感謝しやすい、なんてこともあるかもしれません。そんなものを比較されても困るよね。

一方私たちは、不安を抱え、自分が自分であることに不快感を覚え、自信をもてずに生きている。安易に自己肯定しないことで、自分を育んでいる。

そんなふうにも考えられるのではないでしょうか。

私の若い頃には「自己肯定感」という言葉はなかった。その代わり「この件に関しては、自信がない」とひとつの案件に関して、自信の度合いを判断しました。

「同僚の山本さんのように上手にプレゼンできない」……と比べたところで、山本さんに比べて、あなたのすべてが劣っているわけがない。

そこで、「私は、山本さんに比べてプレゼンに関してはまだ力不足だ」くらいに考えてみてください。

「私は、できない」とネガティブに決めつけるのではなく、「〜に関しては力不足だ」

「～できないところもある」と、自信の度合いを限定的に分析するのがコツです。

問題なのは、「他人と比較して自分の価値を判断すること」です。

他の人とは違うかもしれないけれど、気にしない。それでいいと思います。

まずは、人との比較をやめる。

いや、やめるというより「人と比較するなんて不可能だ」と知る。

「自己肯定感が低い」というレッテルを自分で貼りつけて、自分の人格全部を全面否定してしまうのはもったいないです。

いい面も悪い面も、さまざまな要素が折り重なって、あなたを構成しているのだから。

何よりも、自分の現状を安直に肯定せず、「どうすればいいだろう」と悩んでいる今のあなたの姿こそ、肯定されるべきだと私は思います。

ゆっくり前へ、進みましょう。

レッテル
2

コミュ障です。

初対面の人はもちろん、
同じコミュニティ内でも上手に振る舞えません。
人の顔色をうかがい言葉を選んで、
自ら壁をつくってしまいます。
きっと周りからは「とっつきづらい」「ノリが悪い」と、
思われているんだろうな……。

—— 真壁（18歳）

会話がうまくなくてもいい

自分の悩みを言語化できているということは、「自分の硬い殻」に、すでに小さな穴が開いている、ということです。

「悩みごと」を言葉にする勇気がある。小さなことかもしれないけれど、実は大きな一歩です。本当の「コミュ障」の人はまずこの一歩が踏み出せないで困っています。

あなたは、自分の様子をよく観察し、上手に伝えている。しっかりと言葉を構成する力もある。

今日開いた小さな「殻の穴」を少しずつ広げていきましょう。

会話＝サルの毛づくろい

「コミュ障」と一言で言っても、医学的に診断される「コミュニケーション障害」から、ネットなどでよく使われる「コミュ障」まで幅が広いです。病気よりは少し軽いニュアンスで、人前で緊張したり、場の空気が読めない発言をしてしまったりすることを指すことが多いようです。

まずコミュ障について最初に知ってほしいことがあります。

「言葉の起源は、サルの毛づくろいだった」

進化生物学者のロビン・ダンバー博士の説です。
まだ人間がサルだった頃、集団生活をしていた私たちの祖先は、互いに毛づくろいをしてコミュニケーションをはかっていました。

「じゃ、今度は、私が毛づくろいをするわ」

「ゆっくり眠っていて大丈夫。敵がきたら教えるから！」

という感じで、お互いを癒やしていた。

親密なふれあいによって生まれる脳内ホルモンの「エンドルフィン」が、言葉の発達に深く関係したとロビン博士は言っています。

もちろん、さまざまな学説があるうちのひとつにすぎないけれど、私はこの話が好きなんです。

何を話すか、どういう結論に導くか、どう理路整然と話すかなんてこと以前に、会話というものは「心のスキンシップ」をはかるものなのです。

あなたは、話題や意見がなければ会話ができないと思っていませんか？　情報がなければ、話す価値がないと考えていませんか？

そんなことは全くいりません。

大事なのは「心のスキンシップ」です。

普通のスキンシップは、手で触れたりハグしたりします。このとき、自分も相手も傷つけないように、相手の気持ち、力加減やタイミングを気にしますよね。

「心のスキンシップ」も同じです。「相手の顔色をうかがうこと」「言葉を選ぶこと」「タイミングや状況を踏まえて、「今はやめておこう」と「自分に壁をつくること」があって当たり前。

それは相手への配慮であり、自分を卑下する必要はありません。

あなたはただ毛づくろいにちょっと慎重なだけです。

むしろズケズケと人の心に侵入し、「毛づくろい」どころか人の心を掻きむしる人の方がよほど迷惑だと私は思います。

「心のスキンシップ」を態度で示すならば、「笑顔」——口角を上げることが重要です。

「楽しくもないのに笑えない」と言うかもしれません。

でも、それはちょっと違います。

人間は、面白いことがあるから笑うのではなく、笑うから面白いのです。

あなたが口角を上げる筋肉運動の回数を増やすだけで、誰もあなたのことを「とっつきづらい」なんて思わなくなりますよ。試してみてください。

モンキートークと「すの力」「あの力」

さて、次です。ダンバー博士に倣って、自分をサルだと思いましょう。サルだから、言葉がない。では、どうやってコミュニケーションをとるか？

ここで大事なのは、「驚きの気持ち」です。

相手の言ったことに、

「おお〜」

「うわぁ〜」

「へぇ〜」

など感嘆の言葉を使って、驚きや喜びの「気持ち」を表現するのです。

人は自分の話に驚いてくれる人が好きなもの。この際、内容なんて関係ありません。あなたはこの段階ではサルだから、「おお〜」とモンキートークを間に挟むだけでいいのです。もちろん、笑顔で。

次の段階では、サルから、だんだんと人間になっていきます。
ただ、ここでも内容はいりません。覚えてほしいのは、「すの力」と「あの力」です。
「すの力」とは

「す」……すごい、すてき、すばらしい、するどい、すき

といった「す」で始まる言葉。
歯を通り抜ける「す」の音は「風」を表し、新鮮で神聖な言葉が集まっているといわれています。モンキートークの間に、「すの力」を意識的に挟むだけで相手を最大限に称賛している印象になるのです。

そして、「あの力」は

「あ」……ありがとう
「い」……いいね！

「う」……うまい！
「え」……えらい
「お」……おかげさま

など、あ行から始まる言葉です。

あ行の母音は、波動が伝わりやすく、人に尊敬や感謝の念を届けることができるといわれています。


「何を話そう」「どう話そう」と考える前に、「モンキートーク」、「すの力」、「あの力」を少しずつ、会話に入れてみましょう。

お風呂に入った瞬間に「おおお！」と声に出す。こんなことでいいから、サルになってみてください。

オウム返しで会話にする

「でも、サルのままでは会話ができないので、やっぱり仲間に入れないのでは」と、心配になるかもしれません。

えらい！　随分と積極的になってきましたね。すばらしい！

最後に、内容を考えずに対話に参加する方法を教えます。

それはオウム返しをすることです。モンキートークとオウム返しの組み合わせで、会話を進めるのを見てみてください。

相手「昨日、寝不足でさぁ」

自分「あ〜！　寝不足ですか！」

「あ〜」に「それは大変」という気持ちを込めて、「寝不足ですか」をオウム返しにする。それだけで、受け止めたことになるし、しっかりと会話のボールは相手に投げ返されています。

相手「そう、TikTok見てたら、朝になっちゃって」
自分「うわぁ、TikTokかぁ！」

「寝不足の正体はTikTokなんですね」という実感を込めてオウム返しにする。これだけです。

笑顔、モンキートーク、「すの力」「あの力」、オウム返し。これだけで、少なくともあなたを「とっつきづらい」「ノリが悪い」と思う人はいなくなるはずです。

「コミュ障」というレッテルを剝がそう

あなたは自分の悩みを言葉にすることができています。
そんなあなたを私は、「コミュ障だ」とは思えません。

自分を「コミュ障だ」とレッテルを貼るのは簡単なこと。

体の調子が悪いとき、お医者さんに「風邪ですね」と、病名を告げられるとホッとすることがあります。同じように自分に「コミュ障だ」とレッテルを貼ると、安心できるかもしれません。

でもね。そのレッテルは、できるだけ貼らない方がいいですよ。


人間は、環境や対人関係によってどんどん変化するものです。

今は、人とうまくしゃべれないと思っているかもしれないけれど、周囲が変わればあなた自身も変わる可能性がいくらでもあります。そうなったとき、「コミュ障」のレッテルを貼っていない方が、身軽に動けます。

人生は、いつなんどきも変化するもの。

3年後のあなたは別人のようになっているかもしれません。その変化を楽しむためにも、自分を身軽にしておきましょう。

口角を上げて、驚きの気持ちを大切にすれば、人と心のスキンシップがきっとできますよ。

レッテル
3

不寛容な人間です。

例えば、夫と待ち合わせをしていたとき。遅刻の夫に「今どこ？」とメッセージを送ると「もうすぐ着くよ！」と返事が。

なぜ、質問に答えない……？

夫の居場所に合わせて、こちらが移動できるかもしれない、それも含めての「今どこ？」なのに、「もうすぐ着く」では、私は待つしかない。しかも「もうすぐ」が30秒後なのか、5分後なのか、15分後なのかもわからない。

例えば、部下に「書類は完成した？」と質問したとき、「部長のOKいただきました」と返事が。

なぜ、質問に答えない……？

書類の完成前に部長にチェックしてもらいOKが出たのか（つまりまだ完成していない）、完成したものにOKが出たのか、いずれかによって、次にすべき行動が違うではないか。

ストレートに回答してくれないから、私には「回答の意味するもの」を想像する労力が発生し、不必要な質疑を強いられる。

質問に答えない人って、何なんでしょうか。

人を変えることはできないこともわかっているのです。

だから、こういう人にイラッとしない寛容さがほしいです。

―― ヨウカン（35歳）

あなたは正しい、でも苦しそう

世の中には、質問の内容にちゃんと答えられない人がたくさんいます。人間関係がＳＮＳで形成され、コロナ禍を経て、リモートでの打ち合わせなどが普及した今、発信された情報を汲みとるのが苦手で、相手の言ったことの真意が読めない人が増えていると聞きます。私の実感としても、質問への回答が舌足らずだったり、ズレたりすることが多々ある。私も日に何度もイライラしています。

でも、拝読する限り、ヨウカンさんは、「不寛容」には思えませんでした。「不寛容」というのは、心が狭くて、他の人の罪や欠点を厳しくとがめるという意味です。

文面を読む限り、ヨウカンさんは、夫に対して「何してんのよ！ ちゃんと連絡くらいしなさいよ！ こっちはずっと待ってるんだから！」などと責めてはいない。

部下に対しても、非難したり悪態をついたりすることなく、自分が「次に有益な行動ができないこと」にイラついています。

少し生真面目で、常に正しくて、効率的な行動をしたいと考える。言うなれば自分に厳格な人なのでしょう。

悪いことではないと私は思います。

でも、「寛容さがほしい」と嘆いているところを見ると、きっと現状を変えたいのでしょう。

貴重な一日を、こんなことで台無しにするのはもったいないよね。

だから、こうしたイライラを解消するための方法をいっしょに考えましょう。

吐く息で、悪感情を排出する

ヨガの先生に教えてもらった、心を浄化する方法です。

イライラ、ムカムカ、カチン、許せない、大嫌い！　といった悪感情が、吐く息とともに体外に出ていくことをイメージします。

このときに大切なのは、その吐く息が猛烈に汚く、臭く、気持ち悪く、到底体の中に入れておくわけにはいかないものであると意識することです。

汚ければ汚いほどいい。その先生は、「汚物」と表現していました。

相手の言葉や態度に目を向けるのではなく、「そんなことを抱え込んでいたら、自分の心身が汚れて、こっちが参ってしまう」と考えて、「はぁ〜〜」と汚いイメージの息を吐き出すのです。

苦しくなって息を吸うと、特に意識しなくても新鮮な空気が体に入ってきて、浄化された気分になれます。

心理カウンセラーの友人に、「もっと、ため息をついた方がいい。ため息は、無駄な力を抜く一番いい方法だから」と言われたこともあります。多分、悪いものを吐き出すイメージと原理は同じでしょう。

イライラ、ムカムカを、体から追い出す。吐く息で、これを意識してみてください。

6秒、待つ

イラッときたら、6秒待つ。

こんな方法もあります。

怒りをコントロールする「アンガーマネジメント」によれば、「怒りのピークは6秒」といわれています。「もう、許せない！」と思ったら、「1、2、3、4、5、6」とゆっくり数を数える。すると怒りが少し収まります。

怒りに油を注いで、さらに怒りだすと止めどなくなる。怒りの炎で自分を焼いてしまうことになりかねません。

より効果的なのは、「グッパー、グッパー、グッパー」と手を6回開いたり閉じたりする方法です。体を動かすことに集中することで、確実に怒りのピークを下げられます。

これを教えてくれたのは、とある政治家でした。罵詈雑言を浴びせられても、どうして平然としていられるのかと尋ねたところ、「気づかれないように、拳を握ったり、緩めたりしているんだ」と教えてくれました。

これを真似するようになってから、私も少しだけ感情のコントロールができるようになった気がしています。

3フレーズ話法で明確な答えを受け取る

最後に、質問に対してズレた回答をもらわないためのコツをお教えしますね。

世の中は、「タイパ（タイム・パフォーマンス）」ばかりが大事にされて、文章も動画も短いものばかりが好まれます。「わかった」と答えるところを、「了解」を短くして「り」と答える。スタンプだけを押す。

仲間うちでは通じるものもあるでしょう。しかし、相手の気持ちを思いやる「相手思考」のない人に向けては危険です。文脈を読みとる力がないからです。

そんな相手に、どうすれば正確に自分の意思を伝えられるか？

その方法として「3フレーズ話法」があります。

ヨウカンさんの例で言うならば、「今どこ？」と1フレーズで質問するだけでなく、

「今どこ？　何時に来られる？　待ってる」

「今どこ？　私が移動した方が早い？　教えて」

「今どこ？　6時から待ってる。何時に着くの？」

と「3フレーズ」で質問してみましょう。

「3フレーズ」で質問しても回答が1つしか返ってこないこともあるでしょう。でも1つでも戻ってくれば、おおむね、次に自分が取るべき行動の判断材料にはなるでしょう。これでイライラが軽減されます。

言葉の打席を増やして、打率を上げていく。そんな気持ちで、少し丁寧に質問することを心がけてみてください。

「そこまで、私がしなくちゃいけないの？」と思うかもしれません。

面倒くさいようですが、相手にしっかり伝われば、無駄にイライラすることはなくなります。「相手思考」のできない人が増えている今、自分の精神衛生のためにも、

自分の思いをしっかり相手に伝える工夫をした方が、自分のメンタルが守られると考えてみてください。

「不寛容」というレッテルを剝がそう

繰り返しますが、あなたは決して不寛容なわけではありません。

でも、イライラするのはつらい。

それなら、感情のコントロールの仕方を覚えて、質問の仕方をちょっと工夫すれば、イライラもきっと少なくなるはずです。


息でイライラを吐き出す。

イラッときたら6秒。グッパー、グッパーと手を動かす。

3フレーズ話法で質問する。


こんなコツを生活に取り入れてみてください。

レッテル
4

ネガティブ思考です。

常に最悪のパターンを想像して、
行動できなくなってしまいます。
このメールを送ったら相手は怒らないか。
知らないと言ったら教養がないと思われないか。
発言したら変人扱いされないか。
指示されたことの意味がわからなくても聞き返せない上に、自分の解釈で合っているのか不安が募り、
指示通りに動いたつもりでも報告するのが怖いです。
自分であれこれ考えるのに時間を取られ、
仕事が進まず、そのことをまた怒られます。
よくないとわかっているのに、
ネガティブ思考が止まりません。

—— 石橋（33歳）

ネガティブ思考はクレバー思考

ネガティブ思考でお悩みのようですね。

その気持ち、よくわかります。

こうして多くの人の相談を受けている私も、実はネガティブ思考です。毎日考えていることの80％は、ネガティブじゃないかと思っています。

私が若かった頃に「ネアカ（根の明るい人）」「ネクラ（根の暗い人）」で人を二分して分析することが流行しました。どう考えても「ネクラ」だった私は、なんとかして「ネアカ」のふりをしようと思いましたが、ダメでした。

笑って、元気な声を出して、相手にポジティブな言葉を返す。

すると、自分の中で「無理していると見透かされてるんじゃないか」「キャラが突然変わったので、変に思われているんじゃないか」という声が聞こえてきます。

大抵はこの「内なる声」に負けて、相手にただ合わせて、時が過ぎゆくのを待つ自分に戻っていました。


今でも決してポジティブ思考とは言えません。しかし、長く生きている中で、無理にポジティブに考えなくてもいいんだ、ネガティブ思考も大切なんだと理解する出来事が2回ありました。それをお伝えしますね。

備えていることしか、役に立たない

これは、東日本大震災に見舞われたとき、当時、国土交通省東北地方整備局で局長として指示をされていた方の話です。

私は、震災直後に、この人と仕事をする機会に恵まれました。未曽有の災害にどこから手をつければいいのか、全くわからない状態でした。その中で、道路が意外に早く復旧したのは、彼の働きによるところが大きかったのです。

私は、なぜこんな環境で、これだけ的確な指示が出せるのか、不思議でなりませんでした。

お話しする機会を得たとき、局長がメモを見せてくれたのです。それは、災害が起こった直後に書かれたものでした。

メモの上段には、いろいろなところから集まる報告が書かれています。中段に目を転じて驚きました。

「これから想定される最悪の事態」が、びっしり書き込まれていたのです。

正直、まだ余震がやまない時点で、よくこれだけネガティブなことを考えられるな、と、感心しました。

苦しかったと思います。

本当に恐ろしいとき、人間は、根拠のない楽観に逃げて、気持ちを安堵させようとする動物です（この心理を「正常性バイアス」と呼びます）。彼はそれをやらず、ネガティブ思考を貫いたのです。

局長は、私にこう語ってくれました。

「備えていることしか、役に立たないんです」

そうなんです。

私が「ネガティブ」と捉えたものを局長は、「備えておくべきこと」と捉えていたわけです。

私の心にこの言葉は深く残りました。

「こうなったらどうしよう」「こんなふうに見られたら困るな」とネガティブに考えることは、決して悪いことではない。むしろ危機管理にとっては、こうした思考の方が大切なんだと学んだのです。

脚下照顧に基づく現状否認の実行

「脚下照顧《きゃっかしょうこ》に基づく現状否認の実行」

これは、200年を超える伝統をもつ会社のスローガンです。

脚下照顧とは、禅の言葉で、「足元を注意深く見る」という意味です。


「足元を注意深く見て、現状を認めないことを実行せよ」


これって、ある意味、究極のネガティブ思考です。今の自分を否定せよ、と言っているようなものですから。

長く繁栄するためには、これくらい自分を戒めないといけないのかもしれません。

しかし、この言葉、自己否定のように見えながら、実はとても積極的なんです。

よく読めば、「殻を破れ」「積極的になれ」と言っているようにも見えます。


今の自分を認められない。ネガティブに考えてしまうということは、裏を返せば「新しい自分に生まれ変われ」と言っているようなもの。いつもポジティブで、「今の私のままでいいんだ！」「今の私、最高！」と考える人には伸び代がないですからね。

ネガティブ思考は「自分を変えるための積極的な態度」とも言えるのです。

「ネガティブ思考」というレッテルを剝がそう

さて、2つの事例を紹介したところで、「ネガティブ思考」を止める方法を考えましょう。私は、こんなふうに考えます。

「ネガティブ思考は、決して悪いことではない。自分が生存するための『備え』をすること、そして『現状を打破』して新しい自分をつくるために必要不可欠な考え方なのだ」と。

「ネガティブ思考」を止めるのではなく、「ネガティブ思考」そのものをポジティブに捉え直すのです。

相手に怒られないか、自分の解釈が合っているか、これで指示通りに動いたことになるか、とあれこれ不安になる。それは、自分を向上させる極めてクレバーな考え方だと捉えましょう。

それを理解した上で、ポジティブに考えられるようにするには、ネガティブな考えが浮かんだらすぐに、

「では、どうすればいいだろう」


と考えてみること。

「知らないと言ったら教養がないと思われないか」

「では、どうすればいいだろう」

1．「教養がなくて申し訳ありませんが」「間違っていたらごめんなさい」などと頭につけて話す。
2．スマホで調べられるものなら即座に調べる。
3．現時点では黙っておいて、あとで調べる。

「どうすればいいか？」という言葉に引きずられて、このような解決策が出てくるはずです。もし「どうすればいいだろう」と考えて、「どうしようもないこと」だったら、そこで考えるのをやめればいい。自分の力でどうにもならないことを悩むくらい、時間の無駄はないはずです。

「ネガティブ思考」は決して悪いことではありません。

成功者の多くは、小心者でネガティブ思考です。しかしそれに加えて「どうすればいいだろう」と自分を行動に促す言葉をもっているのです。

積極的なネガティブ思考で参りましょう。応援しています。

negative
negative

レッテル
5

口下手です。

口下手で、気持ちや意見を伝えるのが苦手です。
ボキャブラリーに自信がないし、
論理的な展開や、人を引きつける表現ができません。
会話が終わってから（例えば帰宅後、
お風呂に入っているとき）、「もっとああ言えばよかった」
「的外れなことを言ってしまった」と
一人反省会をするのが常です。
仕事はもちろん、プライベートでも、自分から話したり、
その場で意見を言ったりできないので、
ひたすら聞き役に徹し（たふりをし）ています。
これじゃよくありませんよね。

―― ヒカリ（18歳）

あなたらしい話し方を大切に

断言します。あなたは、間違いなく話すことが得意になりますよ。

なんであれ、向上しない人は、失敗や停滞している現状を正面から見ることができません。臭いものにはフタをして、気晴らしに動画を眺めたりゲームをしたりしている。あるいは「運気がよくなる」おまじないや占いばかり気にしている。

あなたは、そうじゃない。

自分の欠点を具体的にあげられる。悩むだけの胆力がある。そして「聞き役」に徹することもできる。

あと、ほんのわずかな工夫で、口下手は解消されます。

口下手も悪くない

口下手を解消する前に、あなたがネガティブに捉えている「口下手」について考えます。

まず、「弁が立つ人」がすべて「話がうまい人」ではないことを知りましょう。

世の中には「立て板に水」といわれるように、高いところから低いところに流れる水のごとく話す人がいる。早口で、甲高い声でしゃべるユーチューバーなどがそれです。彼らが、リアルな世界で通用するかといえば、難しいでしょう。

すらすらと淀みなく流れる言葉は、人の心に刺さりません。「情報」以上のものになりにくいのです。

逆に、口下手をうまく利用した人が信頼を得るケースがあります。

私の知り合いの社長さんは、北関東出身で、長く東京に住んでいても言葉尻が上がるイントネーションが抜けませんでした。お酒の席で聞いた話では、若い頃から方言が恥ずかしくて、口下手になってしまったそうです。

それでも社長になれたのは、彼の上司の一言があったからだそうです。

「お前は得だな、口数が少ないから、深く考えて発言しているように聞こえる」

この言葉にハッとしたとか。

ペラペラと話せるだけがいいわけじゃない。口下手を利用して、一言に重みをつけていこうと考えたそうです。

普通の人が「大丈夫ですよ」と軽く言うところを、腹の底から気持ちを込めて「大丈夫」と言う。それで信頼を得てきました。

コンプレックスに感じていることが逆に「味」や「個性」になる。ペラペラとしゃべれる人を目指すより、言葉に体重をぐっとかけて、吐いた一言を丁寧に相手の心に置きにいく。

そんな気持ちでいる方が、あなたらしい雄弁が身につくのではないでしょうか。

手本にしたい人をつくる

私は、長くスピーチライターという仕事をしています。人のスピーチを書いて、その人が人前で語るときのアドバイスをする仕事です。政治家や企業のエグゼクティブもたくさん手がけてきました。

そこでわかったことは、こうした人の8割近くは、話すのが不得意だということです。

うまいと思っている人は、しゃべりすぎる。話があちこちに飛びます。苦手な人は、楽屋にこもって「自信がない」と蒼白になっている。壇上で頭が真っ白になって1分以上無言だった人もいます。

ここからもわかるとおり、「できる人」＝「雄弁」ではないのです。

こうした「口下手」な人たちの話し方を劇的に上げるコツがひとつだけあります。

それは、「自分が目指す話し方のお手本を探して、真似る」ことなんです。

あなたの「推し」が話し上手ならその人の真似をしてもいい。YouTubeを見て「この人の話し方いいなぁ」と思ったら、その人から学ぶ。話の中身だけでなく、立ち居振る舞いや笑顔の浮かべ方、身ぶり手ぶりをモノマネする。その人になりきる。繰り返していると、自分ではなく、その人が自分の体を借りてしゃべっているような気持ちになります。憑依するんですね。

こうなると、恥ずかしいという気持ちがなくなります。体は自分でも、話しているのは理想の人ですから。

「学ぶ」は「真似ぶ」からきた言葉だといわれます。

話し方などはまさにこれ。私たちは、親の言葉を真似て、話し方を覚えてきたのです。

これからは親ではなく、自分が理想とする人の話し方を真似ていく。それで劇的に話し方が変わりますよ。

これは、ビジネス上の話だけではありません。毎日の生活においても、「あぁ、この人のしゃべり方、すてきだなぁ」と思うことがあれば、どんどん真似をして、自分のものにしていきましょう。

私が教鞭をとっている大学に、食事をご馳走したときの反応が極めて気持ちのいい学生がいます。

一口食べて、噛みしめて「ううううん！」と唸る。

「こんなおいしいもの、初めて食べた！」を伝えているように聞こえます。少しだけ驚きが混じるのです。

よく聞いていると、彼女は人の話を聞いているときも「ううううん！」と言う。

「初めて聞いた！　面白い！」という気持ちが伝わってきます。

聞けば、彼女のお母さんもその反応をほめているとか。

私は、早速この「ううううん！」を取り入れました。人真似ではあるけれど、これで相手もうれしそうな顔をしてくれます。

こんな些細なことで構いません。人をよく観察して、いいと思ったところを真似ていく。反対に、「いやだな」と思う話し方を反面教師にしてやめる。

意識すれば簡単にできます。何よりも人の話を真剣に聞けるようになります。

「口下手」というレッテルを剝がそう

さて、あらためて「口下手」のレッテルを剝がすための考え方をまとめます。無駄にぺらぺらと話しているからといって話がうまいわけではありません。仕事のできる人が雄弁とも限りません。

だから人と比べて、自分を口下手だなんて否定する必要はないのです。「自分なりの話し方」を見つけていく。これで十分です。

まずは無闇に言葉数を増やすよりも、今手持ちの言葉に思いを込めることを心がけてみてください。そして自分の理想とする話し方をどんどん真似ていく。真似る人が増えれば増えるほど、自分の中で言葉が醸成されて、「あ、これが私らしい話し方かも」と思える瞬間が必ずきます。

話し方は、個性です。「自分らしい話し方」、見つけてください。

unnn!

レッテル
6

自分、
性格悪すぎです。

人の失敗を期待してしまいます。
人の成功や、ほめられている人に共感できません。
いいことをしている人がいると
「余計なことをするな！」と思います。
性格がいい人がいると、
自分が性格悪いみたいで迷惑です。
いくらなんでも性格悪すぎますよね？

―― 犬っち（41歳）

性格、悪くないよ!

私の経験では、自分のことを「性格が悪い」と思っている人は、さほど性格が悪くはありません。客観的に自分を見る目が備わっているのです。

本当に「性格が悪い」人は、自分の性根の悪さに気づいていません。無自覚だから、恐ろしく深いところまで人を傷つけてしまう。これは始末が悪いです。

また、「私は有能だ」「私の考えが正当だ」と自己肯定感の高い人は、自己評価とは裏腹に、人から「性格が悪い」と思われがちです。わがままで、マウントをとってきますからね。しかも「それが、あなたのためだ」というような顔をして。

自分で「性格が悪い」と思っている人は、内面でこう思うだけで、ゴリ押しや心ない発言で人を傷つけることがありません。多分、あなたもそうだと思います。

心の中は、意地悪や嫉妬などのドロドロした感情でいっぱいだけど、人前では結構いい顔をしている。表面上は、相手の成功を喜んだりもする。そのギャップに悩むこともあるでしょう。でも、他人からはまだ「犬っちって、性格悪いよね」なんて言われてないのではないでしょうか。

それはあなたに自己分析する力があって、行動を抑制できるからです。これは救いです。自分の気持ちのもち方を、変えていけばいいいだけだからね。

ブラックエンジンとホワイトエンジン

私は、「ほめられている人を見るのがいやだ」「いいことをしている人が嫌い」という気持ちが悪いとは思いません。そういう感情をもっていない人はいないんじゃないでしょうか。

私には、5歳上の兄がいます。

いつも父や母が「お兄ちゃんは優秀だ」と言っていました。

それを聞くたびに「おまえは無能だ」と言われていると感じたものです。

「人がほめられると、自分が取るに足らないやつに思えていやだ」という感覚は、私の性格形成に大きく影響しています。

しかし、これが悪いかといえば、そうでもない。

私は、できるだけ兄と比べられないように逃げ隠れしているうちに、兄とは違う道を見つけられるようになりました。

嫉妬や他人との比較って、悪く言われがちだけれど、実は恐ろしいパワーを秘めているものです。こうした負の感情で自分を動かす力を、私は「ブラックエンジン」と言っています。

「あいつを蹴落としたい」「ほめられるのはあいつじゃない！　私だ！」といった気持ちが自分を大きく動かす。「いい人ぶるな。余計なことするな！」と思ったあと、「では、私はどうするんだ？」と自らに尋ねてみる。

すると「私は、そんなことはしない」とか「違う道を探す」とブラックエンジンに発動された行動ができるものです。多くの成功者だって、ほんとはブラックエンジンパワーで動いているんじゃないでしょうか。

もうひとつ、人には「ホワイトエンジン」もあります。

「人のために働く」とか「みんなの気持ちを大切にする」といった善意の気持ちです。あなたの質問を読む限り、「ホワイトエンジン」で動かされた感情がありませんが、大丈夫。こちらも「ブラックエンジン」同様に、誰もがもっているものです。

今やスーパースターとなった大リーグの大谷翔平選手。彼は、球場に落ちているゴミを拾うし、サインを求められたら厭《いと》わずに書いている。「ビッグ・ホワイトエンジン」を搭載した「いい人」です。

彼を真似て、あなたも、ゴミを拾うとか汚れた場所を清掃してみてください。

小さなことでいい。人からどう見られるかなんて考えない。頭で考えるのではなく、「ゴミは拾う」「席はゆずる」「コンビニでお釣りをもらうときに、ありがとうと言う」など、ホワイトエンジンが動きだす「行動」を始めてみてください。

「イジワルな自分」から抜け出す効果は抜群で、「時々、いいこともしている自分」

が生まれると、人と比較する気持ちが薄らいできます。自分が好きになり、自信が出てくるからね。

ブラックエンジンとホワイトエンジン。どちらも人を前に進める力をもっています。

性格が悪い自分をパワーに変えて、人知れず小さな善行を繰り返すことで「イジワルだけでない自分」をつくっていく。そんなこと、やってみませんか。

人のことなど、どうでもいい

私は、昔ある人に「ひきたさんは、人嫌いではないが、人に関心がないように見える」と言われたことがあります。

いかにも自分のことしか考えないダメ人間と言われたようで、いやな気分になったものです。

しかし、今考えてみると「人に関心がない」というのは、結構、大切な処世術ではないかと思います。

あなたの「人の失敗を期待してしまいます。人の成功や、ほめられている人に共感できません。いいことをしている人がいると『余計なことをするな！』と思います」という悩みはすべて、人に関すること。

「とても他人に関心が強い人なんだな」と、私には見えます。

あえて言わせていただくと、人のことなど、どうでもいい。

人のことよりも、「おいしい」「気持ちいい」「すてきだ」「あったかい」という自分の感情を大切にしてみてください。

感情に目を向けると、自分の今の状態に気づきます。すると、「少しペースを上げすぎたかな」「少し肌がくすんでる。寝不足かぁ」と自分と対話できるようになります。

まずは、自分。自分にしっかり関心をもつことを、他人への関心より優先してみませんか。

「性格悪すぎ」というレッテルを剥がそう

私が学生の頃に読んでいた週刊誌に「人は人、私は私、犬は犬」という格言が載っていました。ちょうど就活の時期で、内定をもらった人を見て、嫉妬したり、焦ったりしていました。この言葉を見たとたん、「そうだよな。他人のことは関係ない。不安を煽ること、無駄なお説教をしてくるようなやつは、『犬』というカテゴリーにとりあえず入れておこう」と、妙に励まされたのを覚えています。

私は、私。私の感情、私の身体感覚を大切にし、「とにかく自分が大事」という思考回路が生まれると、悪感情に対して「平気、平気！」と思えるような耐性がついてきました。

「人は、人」と割り切る。人のことより、自分のこと。

あなたは「性格悪すぎ」なんかじゃない。むしろ、もっと自分本位でいきましょう！

WHITE

part.
2

できれば仕事だって、気持ちよくしたいよね

レッテル
7

コスパの悪い人間です。

一生懸命やっているつもりなのに結果がともないません。
適当にヘラヘラしている同僚のほうが
評価されているように感じます。
評価が下がればお給料も上がらないし、
仕事のモチベーションも下がります。
低コストでハイリターンを手に入れる器用さを
身につけたいです。

—— 餅兵衛（35歳）

コスパの良し悪しは表面的なもの

つくづく思うのは、実力と出世は正比例の関係にないことです。

力は、Aさんの方がある。しかし、上司とゴルフ仲間だったり、よく飲みにいったりしているBさんが出世している。明らかにCさんが仕事を仕切り、人望もあるのに、たまたま小さなミスをしたときが査定のタイミングだった。結局、何もせず無難に過ごしているDさんの地位が上がっていった――。こんな話が社内外にあふれていました。

評価は、しょせん人間がやるもの。

客観的公平なんてものはあってないようなもの、というのが実情です。

「なんであいつの方が評価されるんだ？」と思う気持ち、よくわかります。世の中、理不尽ですよね。

楽に見える仕事も、舞台裏はきつい

だから、低コストでハイリターンな仕事を身につけたい。そう考えたくもなります。ネットをひらけば、ユーチューバーが楽しそうにしゃべるだけで、年収のような月収を手にしている。セミナーやコミュニティに参加すれば、「あなたの夢は必ず実現する！」とメンターや講師が力こぶしを握っている。金融に詳しい友人が巨額の富を得ていたり、仲間同士で気楽な会社を作ったら大儲け！　なんて話もあちこちで聞く。

上司の顔色をうかがい、同僚に嫉妬しながら暮らすよりも、あきらかにやりがいがある。コスパもよさそうです。

「こんなところに埋もれて、無駄に時間を過ごしていていいのか？」と焦る気持ちを多くの方ももっているのではないでしょうか。

転職に至ったきっかけに多いのは「キャリアアップ」よりも、「こんな場所で無駄に時間を費やしたくない」という焦りの気持ちの方が多いのが実態です。働き盛りで焦燥感に駆られるのも無理はないでしょう。

しかし、コスパがよくて楽そうに見える仕事は、意外に大変なものです。

私自身、好きなことを文章に書き、発言する講師業をしています。

「お前はいいよな。好きな仕事ができて」と友人、知人に言われます。が、舞台裏は大変です。

毎晩、「明日はもうネタがなくなるんじゃないか」「そろそろマンネリかもしれない」「今日は、みんなの反応が悪かったな」とクヨクヨと悩んでばかりいます。

人の書いた本の出来がいいと、すぐに妬む。「運がよかっただけだ」と相手を落として溜飲《りゅういん》を下げる。

実に小さな人間だと、自己嫌悪。

ネット炎上も経験しました。

世界中を敵に回したような日々が何日も続き、海底へと沈んでいくような気分を味わいました。

楽に見える仕事でも、舞台裏は意外ときついのです。

人には、この舞台裏が見えません。だから、誰だって、隣の芝生は青々と見えるもの。あなたは、「一生懸命やっているけれど、結果がともなわない」と思うかもしれませんが、周囲の人は、意外に「あいつ、コツコツとよくやるよな」「あんなに一生懸命に、私はできない」なんて羨ましがっているかもしれません。

もしかすると「彼女は、低コスト、ハイリターンだ」なんて思われている可能性だってあるのです。

モチベーションを数値化する

さて、そんなあなたにアドバイスです。

これは、私が教える学生から聞いた「モチベーションを上げる方法」です。

ある日、彼女がこう言いました。

「昨日は、モチベ（＝モチベーション）10％だったけれど、今日は、雨でキャンパスがきれいに見えたので、モチベが12％に上がった」

不思議な言い方をする子だなぁと思って、尋ねてみました。
実は彼女は、中学生の頃に重い病気を患って、2カ月半入院したことがあったそうです。おなかに激痛が走る病気で、苦しんでいた。そのとき、看護師さんが、

「最大の痛みを『10』とすると、今はどれくらいですか」

と聞いてきたそうです。
彼女は、あるときは7、あるときは8と答えました。
自分の痛みを冷静に観察し、「昨日の痛みよりはましかもしれない」と考えて、数値を割り出していったそうです。

「このときに学びました。気分やモチベーションは、『低い』『下がってる』『最低』

みたいにざっくりと考えるのではなく、細かく数値化してみる。道端にきれいな花が咲いていたから、モチベ4%アップ！ なんて考える。そうやって自分を細かく観察することで、気持ちの落ち込みを克服していきました」


私も病気にかかったとき、看護師さんから同じように痛みを数値で聞かれたことがあります。あれは体の痛みの数値化でしたが、心や気分にも応用できるのです。

「今日は、得意先との交渉がサクサク進んだので、モチベ47%」

「今日は、昼ごはんのお弁当を並ばずに買えたので、モチベ5%アップ！」

なんて考える。自分の心の変化を客観的に数値化することで、自分がどんなときに心がときめくのか、何に気分を害するのかが見えてくるようになる。

「ヘラヘラしているやつの態度」も数値で客観視すれば、自分の長い人生にさほど影響のない小さな人間だとわかってきたりするものです。

これを読んで1%でも、あなたのモチベが上がってくれたらうれしいです。

「コスパが悪い」というレッテルを剥がそう

人の評価なんて、わからないもの。「結果」といわれるものも、実にあいまいです。人とところが変われば、簡単に変わる。会社員生活を振り返ると、何百回と評価や結果のいい加減さを味わいました。

「ダメだ」「苦手だ」と劣等感をもっていたところを評価されたこともある。経験を重ねるうちに「結果なんて、コロコロ変わるもの」と思うに至りました。

そんな中で、ひとつだけ変わらないものがあります。

それは、「過去の自分」と「今の自分」とを比較して出てくる「結果」です。

5年前、10年前のあなたを振り返ってください。今のようなスキルを身につけていたでしょうか。複雑に考えることができましたか。打たれ強さはどうでしょう。

よくよく考えると、随分と成長しているのではないでしょうか。もちろん、弱くなったところもあるでしょう。しかし、以前の自分に比べてよくなった部分は必ずあるはず。それが「結果」です。

あなたは自分を「コスパ」という言葉で評価しています。本来の「費用対効果」という意味で、自分の人生が非効率に感じることもあるかもしれません。でも、それがあなたのすべてじゃない。

5年前、10年前の自分と比べて成長したことを、ノートに書き出してみてください。きっと、「やっぱりヘラヘラと生きてこなくてよかったな」と自信が湧いてくるはずです。

レッテル
8

ダメ上司です。

部下を信用できません。

仕事を頼むと遅いし失敗するし、報告や相談もしてこないし、面倒だから自分でやるのが一番早いです。

だけど、上司からは「お前は上司としてなっていない」とか「部下を成長させるのが上司の仕事」とか言われてしまいました。

はいはい、どうせダメ上司ですよ。

―― 元新入社員(40歳)

「上司」なんてただの役割

「信用できない」「遅い」「失敗」「相談にこない」「面倒」「上司としてなってない」「ダメ上司」……短い文章の中に、ネガティブな言葉が満載！

こうした言葉が、ご自分の心や脳にもあふれているとしたら、さぞつらいでしょう。

それはあなたが悪いんじゃない

あなたの置かれている状況を考えてみましょう。

あなたは、部下から見れば上司です。でも、あなたには上司がいて、その人から見れば部下です。つまりあなたは、「部下」と「上司」の二役をやらされています。

上司は、あなたを見て「部下を成長させるのが上司の仕事」と言います。しかし、その上司は、部下であるあなたを成長させる仕事をしているでしょうか。「部下育ての方法」を伝授してくれましたか。多分、していない。もししていたとしても、昭和の教育しか受けていない上司は、令和に働き始めた「Z世代」を育てるノウハウをもっていないはずです。

10年近く大学で教鞭をとっている私も、ここ5、6年の学生の気持ちや考え方が正直よくわかりません。

ものごころついた頃からスマホがあって、なんでも検索できるから、特に教師に質問などしてこない。何か変なことを言えば、SNSでハブられ、炎上する危険もあるから、多くの子が「いい子」で「紋切り型」の発言をする。これも若い子のせいではなく、この時代を生き抜く彼らの知恵なんですね。

そういう生き方をしている子たちを、受け入れ、成長させるノウハウをもっている会社がどれだけあるでしょう。

こう考えると、部下を育てられないのは、絶対に、あなたのせいではありません。

時代の変化と、会社全体の「社員教育」の問題です。価値観が違うのだから「信用できない」と思うのも当たり前。今の中堅社員の皆さんは、さまざまな課題を全部抱えて、本当によくやっているというのが私の実感です。

だから、あなたが、問題を抱え込んだり、劣等感を抱く必要はない。上司に「部下を成長させるのが上司の仕事」と言われたら、「今のZ世代を効果的に育てる方法を教えてほしい」と言ってみてください。多分、知らないと思います。

「自分でやるのが一番早い」を見直そう

あなたの世代が語る典型的な言葉があります。

「自分でやるのが一番早い」

上は、昭和の右肩上がりの人たちです。下は、会社は自分がキャリアアップするための手段としか考えていないZ世代。その双方から責任を押しつけられたり、疎んじられたりする結果、「自分でやるのが、上からも下からも文句を言われない、一番丸く収まる方法」と考えて、何もかも抱え込んでしまう。結果、心身を壊す中間管理職がどれほど多いことか。

しかし、部下の仕事が、遅く、失敗が多く、報告も相談もない理由のひとつに、「やらなくたって、どうせ最後には上司がやってくれる」という甘えや、権限委譲が中途半端な面もあるのではないか、と私は思います。

大学の教え子たちが今ちょうど、新社会人から35歳くらいの間にいます。

彼らの悩みを聞くと、あなたの年代にあたる直属の上司が「信用して仕事を任せてくれない」「上のことばかり気にしていて頼りない」なんて言葉がすぐに返ってきます。

上司の苦労も知らずいい気なものだと思いますが、この際、一度「自分がやるのが一番早い」という考えを捨て、彼らにすべて任せてみてはいかがでしょうか。

部下の失敗を許容して学ばせる。取り返しのつかない大きな失敗を防ぐためにも、リカバリー可能な小さな失敗体験を積ませるのも上司の役割だと私は思っています。

部下の失敗はあなたの失敗ではありません。部下の失敗で自分の評価が下がると恐れる必要はありません。だから、部下の失敗を恐れずに、仕事を任せてみてください。

ネガティブワードを一掃する一言

あなたの文章の中にはネガティブワードが満載です。これはとてもつらい状態だと思います。

そこで、言葉がネガティブスパイラルに陥った状態から抜け出すために、頭と心に溜まったゴミ——ネガティブワードを簡単に一掃する方法を教えます。

お風呂に入った瞬間に、大げさに「気持ちいい〜！」と叫んでください。

おいしいものを食べたら、「おいしい！」と声に出し、美しい景色を見て「きれいだ！」と感動しましょう。

五感にまつわる「気持ちいいワード」を声にするだけです。

するとと脳は、「そうか、今は気持ちのいい時なんだ」と思い込み、過去の「気持ちのいい状態」を必死に探そうとします。「気持ちいい」「楽しい」「おいしい」……そんな言葉が増えるにつれ、あなたのネガティブワードのダウンスパイラルが止まるはず。

ぜひ試してみてください。

「ダメ上司」というレッテルを剝がそう

最後に「ダメな上司」という言葉について書きます。

これは私見ですが、「上司」という意識は、自分をつらくするばかりです。「上司＝リーダーシップがあって、仕事のできるエラい人」ではありません。

過去のやり方は通用しない。価値観は刻々と変わる。スキルはすぐに古くなる。

そんな中で、「上司だから、業績を上げ、部下を牽引せよ」と言われても昭和世代のようにはいきません。上から完璧に権限が与えられ、その責任に対する報酬が明快な欧米のような企業が少ないのも現状です。

だから「上司」という肩書に振り回される必要はありません。肩肘張ることもない。「上司」とは「会社におけるひとつの役割程度」と考え、あなたが、自分の権限と実力と、そして少しだけ背伸びをすれば届きそうな理想の仕事――つまり自分の未来のための果実を求めて働く。それでいいのではないでしょうか。

昔読んだ週刊誌に、ビジネスパーソンとして生きていく極意は「人は人、自分は自分、犬は犬」と割り切ることだと書いてありました。

あなたも、それこそ全く肩書のない新入社員の頃を思い出し、「自分は自分」以外のなにものでもない頃に立ち戻ってみてください。

レッテル
9

社畜です。

とにかくやることが多く、
一日の大半を仕事に費やしています。
仕事を振られるうちが花だし、
そうじゃなくなったら居場所がなくなりそうだし、
他に打ち込むこともないし、
自らこの道を選んでいるからいいんです。
でも「お前ほんと仕事好きだな」とか言われると、
さすがに心が折れそうになります。

—— 枯れ枝（35歳）

人生にはたくさんのルートがある

「社畜」という言葉が使われるようになったのは１９９０年代のはじめ頃だといわれています。

バブルが崩壊し、高度経済成長のときに使われた「企業戦士」といった言葉と実態がかけ離れてきた。思うがまま仕事を進めることができなくなり、理不尽な命令が増えた。

自分の意志を殺して、会社と株主のために尽くすイメージが強くなったところで「社畜」という言葉が広まるようになりました。

この言葉、平安の昔から使われていたそうです。当時は、邪気を一身に受けるために神社などの柱に死ぬまで括りつけられた家畜がいました。それを「社畜」と呼んでいました。

なんだか今の「社畜」と似ています。

「仕事が振られなくなったら居場所がなくなる」と考えている枯れ枝さんも、イメージがダブるのではないでしょうか。

仕事場から離れたところに住む

私はバブル期に広告会社に勤めていました。土日もなく、夜遅くまで働いていました。しかし、もともとは学校に行くのも嫌いで、集団生活も苦手だった私は、社畜にならない工夫をあれこれしました。

一番効果があったのは、住む場所です。

会社と家が近いと、土日でも会社に行ってしまう。終電近くまで働いても、苦になりません。便利だと思って会社の近くに住んでいたのですが、これをやめました。あえて、会社から1時間近く離れた場所、それも多摩川を渡って帰るところに引っ越したのです。

遠いので、帰ろうと自然に思います。川を隔てるので、「多摩川を過ぎたら、仕事はしない」と決意できる。土日はできる限り、川を渡って会社に行くことを避けました。

こうしてわざと物理的な距離をつくって、会社に長居できない状態をつくりました。ビジネスとプライベートを物理的に分けることによって、私は「社畜」から逃れようとしたのです。

仕事の効率が下がるように思いますが、むしろメリハリがついてよかった。精神衛生上もかなり有効な手段でした。

仕事以外のことをやる

メッセージに「他に打ち込むこともないし、自らこの道を選んでいるからいいんです」と書かれています。

ちょっぴり「あきらめ」や「開き直り」を感じます。

「お前ほんと仕事好きだな」と言われると心が折れそうになるところを見ると、心底、「これでいい」と思っている状態ではないようにお見受けします。
「社畜」と言われる人を数多く見てきた私は、何度もこうした発言を聞きました。

「他にやることないし」
「趣味なんかないし」
「仕事やってないと不安になります」
「暇ですから」
「好きで入った世界だし」……

自虐的でもあり、自分に言い聞かせているような言葉を「社畜」を自称する人の多くが口にします。

解決策として「趣味をもちましょう」とアドバイスする人がいます。
しかし、趣味もなく、旅行も大して好きではなく、何をやってもモチベーションが上がらなかった私からすれば「それがもてれば、苦労はしないよ！」と言い返したくなる。「社畜」に悩む人の多くは、仕事以外にやることがないから打ち込まざるを得ないのではないでしょうか。

私は50代を迎えるまで「なんとなく仕事だけに打ち込んでいる」状況を続けていました。気がつかないうちに社畜に陥りかけていたのです。その境遇を変えたのは、「趣味」ではなく、「仕事」でした。

世間に「副業」という言葉が出てきた頃の話です。

暇に飽かして書いていたFacebookを読んだ方から、「小学校で授業をやってくれないか」というお誘いを受けました。

廃校になる小学校の最後の卒業式。子どもたち一人ひとりが、学校の思い出のキャッチフレーズを作ろうとしている。そのアドバイスを依頼されました。

「面倒だなぁ。別に子どもが好きなわけでもないし」というネガティブな思いがまず先立ちました。仕事が忙しいので断ることもできました。

しかし、先生の熱意に押されて教壇に立ってみました。

子どもたちが真剣な眼差しで私を見ています。会議の発表やプレゼンテーションと同じようなシチュエーションです。とっさに私は、「これは、仕事だな」と思いました。

趣味ではない。

収入の多い少ないは関係なく、私は「教育現場」という仕事場に立ったのです。

自分の仕事以外の仕事をもつ。これが「社畜」から抜け出す起爆剤になりました。この一回の授業で、私は子どもを相手に話すことが好きになりました。この一回の体験から、会社に勤めながら、朝日小学生新聞にコラムを書いたり、出張授業に参加するようになっていきました。

子どもに授業をすることで、会社の仕事にもよい影響が出ました。子どもにわかりやすく語ろうとする努力が、仕事のプレゼン力向上にもつながったのです。

別の仕事をもつと、片方の仕事をより効率的にやろうと考えます。無駄な時間を極力排除し、人間関係の断捨離も進みます。精神的な会社依存から抜け出せる。

今は私の時代よりも、簡単に副業を見つけることができるはずです。コツは、

・今、どんな仕事でも自由にできると言われたら何がしたいか？
・会社員生活を終えたあと、死ぬまで続けたいと思う仕事は何か？

と、「もしも」を考えていく。

その中に、あなたの「やり遂げたい仕事」が入っているかもしれません。

「もしも」を考えることで、自分を縛りつけているしがらみや枠組みが緩み、忘れていた「ワクワクする気持ち」が戻ってくるはずです。すると、「この仕事を選んだのは自分なのだから、これでいい」という「あきらめ」や「開き直り」の気持ちが薄らぐはずです。

「社畜」のレッテルを剥がそう

仕事以外の仕事をもつ。私はこれを起爆剤にして次の人生を切り開きました。

しかし、これはあくまで私の例であって、参考にはなるけれど、お手本にはなりません。というのも、今のあなたには、さまざまな葛藤や不安はあるけれど、仕事そのものへのモチベーションが落ちているとは思えないからです。

「社畜」というレッテルを剥がす。他人と比較するのをやめて「つまらない社畜だ」と卑下することをやめる。その考え方ひとつで、まだまだ楽しく働けるように文面からは感じられます。

でも、もし本当に、「もうダメだ」と今の状況を悲観しているのだとしたら、早めに考え直すべきでしょう。

まだまだ人生は長い。あなたの年齢で、「社畜」になるのは、あまりにももったいないです。

これからの人生を考えれば、「これしかない」と一本道を歩むのではなく、成功や失敗、寂しさや悔しさ、怒りや嫉妬、あの仕事、この仕事とたくさんのルートを試した方がいい。

曲がりくねった道や坂道を歩くのも、なかなか楽しいものです。

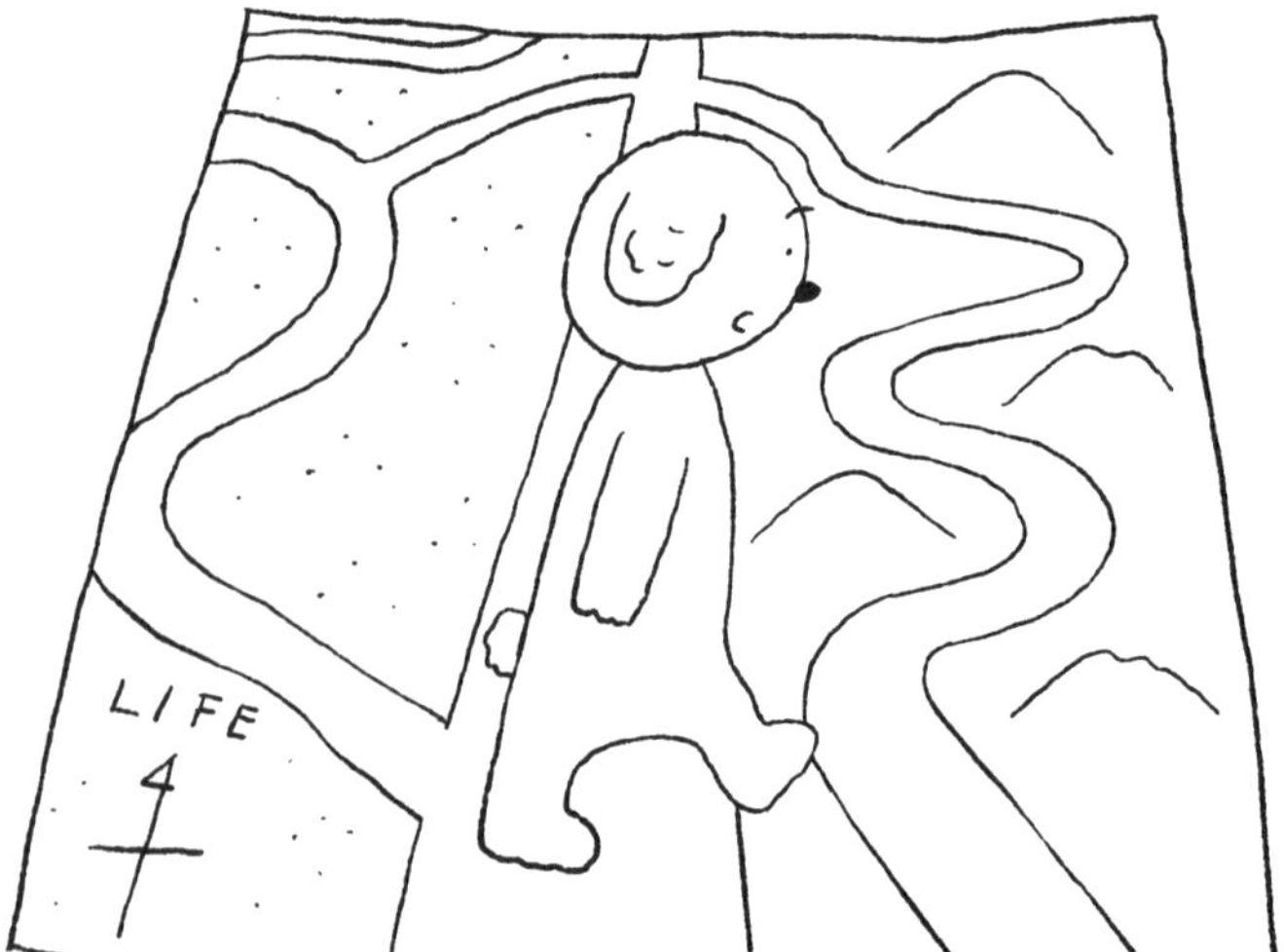
LIFE
4

レッテル
10

問題意識が強すぎて疲れます。

大きいものから小さなものまで、あらゆる理不尽が気になって、ひとつひとつに問題意識をもってしまいます。

適当に受け流すことができず、改善しようとがんばってしまったり、闘ってしまったりして、疲れます。

自分のことならまだしも、同僚が上司から非合理的な叱られ方をしていたりすると、本人に代わって上司にもの申したくなってしまいます。

自分で、正義感が暴走していると感じるときがあります。

だからといって、納得いかないことを放置していていいのでしょうか？

放置したり泣き寝入りしても疲れそうだし、今のまま何かにつけて問題意識をもって生きるのも疲れます。

―― もんもん（38歳）

前向きに問題を放置する

小さなことでも受け流すことのできない問題意識。非合理的な叱咤は、自分でなくても容認できない。納得できないものを泣き寝入りしたくない。合理的で、正義感の強いもんもんさんの性格が、文章ににじみ出ています。

今の世の中、あなたのような人が少なくて、勇気を出して不正や理不尽なやり方に声を上げず、事なかれ主義で、何もかもに頬かぶり。そのくせ、ネットで辛辣な書き込みをする人ばかり。少し無責任すぎますよね。

すべての人が、あなたのように、真面目で、まっすぐな人なら、世の中はもう少しよくなるし、仕事はとても効率的になり、期待通りの成果を出し続けることができそうです。

しかし、人間社会はそうはいかない。いろいろな背景を背負った人のさまざまな感情と仕事への情熱が渾然《こんぜん》一体となって動くのが社会です。

もともとまっすぐ進めないようにできているようです。

ベストよりベターを目指す

私は、長く広告会社で働いてきました。たくさんの企画書や絵コンテを描き、300近い得意先に提案してきました。

そこで学んだことのひとつとして「ベストよりもベターを目指せ」というものがあります。どういうことでしょう。


仕事は、縦糸に論理、横糸に感情で布を織るようなものです。

縦のロジックだけで進めば、実に簡単に事が運ぶ。しかし、感情という理不尽な横軸が入るおかげで、ロジックは曲げられ、色を変えられてしまう。

例えば、今回の企画が「WEBサイトを訪問してくれたにもかかわらず、離脱した人を再訪問させるリターゲティング広告にすべき」という提案だったとします。しかし、上司が「先方はWEB広告に明るくないので、会場を借りたイベントの方が採用されやすい」と言いだした。

あなたは、「それではターゲットに刺さらない！　認知度を上げることは不可能」と猛烈に反論する。

しかし、WEBに詳しくない得意先に、どんなにリターゲティング広告について話しても響かない。むしろ、一生懸命やっているあなたを「わかっていない」「生意気」と受け止めてしまうかもしれません。

正しいのは、間違いなくあなたです。しかし、上司や得意先の知識、経験、感情という横糸を入れないと布（＝企画）は成立しないのです。

こうした対立を何度経験してきたことか。

対立の結果、自ら降りたり、得意先から出入り禁止になったこともあります。ベストを目指しすぎて、ゼロになった。これは双方にとって遺恨を残し、自らのキャリアを大きく傷つける結果になりました。

結局は「ベスト」に程遠いものが出来上がって、後悔する毎日でした。

しかし、今になって思えば、妥協の産物であっても、これは貴重な経験でした。


ここから学んだことが、「ベストよりベターを目指す」こと。

自分の正義だけのベストをつくるのではなく、人の思いや経験を織りなして、これ以上ないベターを目指す。それを続けるうちに、「あなたの言うことは正しい」「君なら任せられる」と信頼を得ることができる。

こうなって初めてあなたの「ベスト」を尽くせるのではないでしょうか。

ミニマル思考で行こう

もうひとつ、聞いてほしい話があります。

それは「ミニマル思考」というものです。

「ミニマル」とは、「なんとか十分な量」という意味。「ミニマル思考」とは、論点を最小限に絞る考え方です。

ゴールは何か。何を達成すればよいのかを考え抜いて、無駄は一切排除する。多少、小さな矛盾や考え方の違いがあっても実害がないのならスルー。変えられないものは、無理に変えようとしない。

あなたの質問に答えるならば「実害がないなら小さい問題はスルーする」「自分の正義よりも目的達成の確実度と速度を優先する」ということでしょうか。

もっとも、あなたも、この件については随分悩んだ経験があるようですね。

それがうまくいかなかったのは、「放置の罪悪感」や「泣き寝入りの敗北感」といったマイナス思考にとらわれたからではないでしょうか。

目的達成のために、多少の問題をスルーすることは、とてもポジティブな行為です。大事な要点を押さえる力「ポイントアップ能力」に長《た》けていると私は考えます。

ミニマルに、なんとか十分な量で戦う術を学びましょう。

「問題意識が強すぎる」というレッテルを剝がそう

最後に、私の好きな作家・開高健さんに教えてもらった言葉を贈ります。

「漂えども、沈まず」

これはパリの市民憲章だそうです。パリは、長い歴史の中で幾度となく他民族に侵略されてきました。しかし、そのたびに他民族の文化をのみ込み、侵略を経てより重厚な、比類のない文化を築いてきました。まさに、「漂えども沈まず」です。

「問題意識が強すぎる」のは、視点を変えれば「人の意見によく耳を傾ける」ということ。でもそれゆえに息苦しい思いをしているのなら、この「漂えども、沈まず」の心持ちを取り入れてみることをおすすめします。

人の意見や感情に流されて、漂っても沈まず。それらを受け入れてなお輝く人にきっとなれます。

part. 3

いつだって悩みの種は、愛とか恋とか家族とか

レッテル
11

本気で人を 好きになれません。

これまで交際した人はいるけど、
本気で好きだったかと言われると、
うまく答えられません。
「愛してる」とか言えません。
今後の人生でも、そういう相手が現れる気がしません。
「そのうち現れるよ」とか言われるのも飽きました。
私っておかしいんでしょうか？

―― ユウキ（30歳）

「好き」は日々刻々と変わるもの

「愛してる」って、なかなか言えないですよね。小っ恥ずかしいし、どこか借り物の言葉みたいな感じがします。

夏目漱石が、〝I Love You〟の訳を聞かれ、「月が綺麗ですね、とでも訳しておけ」と言ったとか。俗説ともいわれているけれど、日本人には、こちらの方がぴたりと心情にはまるのではないでしょうか。

「愛してる」が言いにくいのは、あなただけじゃない。腹の底、胸のうちから湧き上がる言葉と感じられないのが普通なんじゃないでしょうか。

問題は、「本気で好きだったか」うまく答えられないところだね。

これは難問です。しっかり考えていきましょう。

「好き」は変化するもの

人の付き合いは、「3日、3カ月、3年」とよくいわれます。そのくらいで、飽きがくる。「このままでいいのか?」と客観的に考える時期がくるということです。

これは生き延びるために大切な本能とも言えます。間違った道に突き進むことを回避するためには、頭から水をかぶって、冷静になる時期が必要だからです。

はじめのうちは「かわいい」と思えたところが、「だらしない」と感じるようになったりする。「しっかりしている」と尊敬していた部分が、「冷たい」と評価が変わる。心の中のもうひとりの自分が、「本当にこの人で大丈夫?」と心配して冷や水を浴びせてくる。

「あばたもエクボ」と気づくうち、「あばた」も気にならなくなる。そのうち、顔や容姿のことなど、どうでもよくなってきます。

そう、「好き」って変化するものなんです。

肉感的にドキドキする回数が減る分、「尊敬」が生まれてくる。やがて、その「尊敬」すら失《う》せて、ただそこにいるだけで心休まる、空気のような「存在」になる。

「本気で好き」という言葉が出会った頃の初々しい「好き」を継続することだとしたら、そりゃ無理だと思います。「いつまでも変わらない愛」なんてのは、歌の世界にしか存在しないと考えた方がいい。

「好き」は、日々刻々と変わっていく「好き」のかたちを受け入れたり、拒絶したりしながら一瞬一瞬に変化するもの。変わらないために、変わり続けるのです。

「好き」を集める

さて、「人生で本当に好きと思える人が現れるか」という問題です。

私は占い師ではないし、恋愛のコンサルタントでもありません。その悩みに応える力はないのかもしれない。でも、思うところを書きますね。

「この人は、私が愛するに値するか」「一生の伴侶になるか」と大上段から見下ろして人を裁いていたら、きっと「本当に好きと思える人」は現れないと思います。

そんなふうに人を値踏みするよりも、その人といっしょにいるときの気持ちを、しっかりと言葉にした方がいいです。

「うれしい」「楽しい」「ほっとする」「わくわくする」「勇気が出る」「自分を出せる」「自分を好きになれる」という自分の気持ちや、「おそばの食べ方が好き」「しょげているときの背中に声をかけたくなる」「起きたての顔にほっとする」——こうした言葉の積み重ね、こうした感情の総体が「好き」になっていきます。

もうひとつ大切なこと。それは、「縁」です。

風水で有名なDr.コパ先生は、こう言っていました。

「『運』って鉄棒と同じでね。飛びつけばいいというもんじゃない。そのあと、ぶら下がり続けなければいけないんだ」

「幸運な女神には前髪しかない」といいますが、「縁」も同じです。タイミングを逃さず、パッとつかむものです。

重要なのは、この先です。

つかんだ「縁」を離さない。タイミングよくつかんでも、スルッと抜けるのが「縁」。つかんだことに満足せず、それを鷲掴みにし続けるのです。

名刺を交換した、一度食事したことで終わりにせず、もう一歩踏み出して、メールを送る。次に会う機会を設定する。

「縁」をわしづかみにするタイミングと同時に、それを逃さない握力が必要なんです。

「本気で人を好きになれない」というレッテルを剝がそう

最後にあなたに伝えたいことがあります。

私は、離婚を経験しています。若い頃のことですが、離婚後に「人を好きになれない」という時期がありました。

当時を振り返って反省することがあります。
それは、人は恋愛するのが当たり前で、恋愛していない状態は「何かが欠けているのかもしれない」と思い込んでいたこと。

でも、それは違います。
恋愛をしていてもしていなくても、あなた自身は100％であって、欠けているところなどひとつもありません。だから、「自分は本気で人を好きになれない」とラベリングする必要もないのです。

その上で、もし人を好きになりたい、好きな人との関係を大切にしたいと思ったら、ぜひ「好き」のマグネットに、たくさんの「好き」をくっつけてみてください。「メガネを上げる仕草が好き」「うまく話せず沈黙するところが好き」――小さくてもいいので、そんな「好き」のマグネットをくっつけたり、離したり、形を変えたりしながら、「好き」が変化していって、やがて大事なものを慈しむ気持ちに変わる。それが「愛」なんだと思うのです。

レッテル
12

母親失格です。

小学1年生の娘を育児しています。

理想の母親像からかけ離れた母親になってしまいました。

母親として家庭の太陽でありたいと思っていたのに、

全く笑顔になれません。

いつも怒ってばかり。

イライラしてばかり。

子どものあらゆることが目について、

口を開けば小言が出てきてしまいます。

子どもをほめるポイントが見つかりません。

「赤ちゃんの頃の写真を見れば愛情を取り戻せる」

などといわれますが、そんなことは何度も試しました。

自分がいやです。

こんなはずじゃなかったのに。

—— あつこ(38歳)

ゆっくりと親になる

これはもう10年近く前の話です。

当時勤めていた会社の部下が、赤ちゃんができたことを告げてくれました。

「お、おめでとう！　よかった！」

と、すっとんきょうな声を上げた私に、彼女が笑いながらこう言いました。


「はい。ゆっくり、親になります」


初めて見る彼女の顔でした。おだやかに、何かを決意し、覚悟を決めたように見えました。

子どもを授かって「親になった」のではなく、子どもといっしょに自分もだんだんと、「親になっていく」。実に凛々しい表情でした。

赤ちゃんが生まれたての「子ども」ならば、産んだ人は、生まれたての「親」。赤ちゃんも親も、同じスタートラインに立ってだんだんと成長していきます。

はじめから完璧な親なんて、どこにもいません。

親もまた、子ども同様に、泣いたり、転んだり、痛い思いをしたり、食べたり、眠ったり、笑ったりして、親になっていくものではないのかな。私は、そんなふうに考えています。

「早く食べなさい」と「よくかんで食べなさい」

これは私が、小学校の校長先生から聞いた話です。

低学年の子どもに「悩み」を聞くと、必ず「食べるのが遅い」「給食の時間内に食べられない」という答えが返ってくるそうです。

「これ、大人に責任があるんです。自分たちが忙しいものだから、つい『早く食べなさい』と追い立ててしまう。すると子どもは、早く食べようとして、食べ物を口にいっぱい入れて涙目になってしまう。子どもは大人と違って、まだ舌や嚥下《えんげ》機能が発達していません。ゆっくりとかんで、しっかりと『これは自分の体にいいものだ』とわかると、その味がおいしく感じられるようになる。だから、食べるのが遅い子に必要なのは、モグモグとよくかむことなんです」

校長先生は、優しい口調でこう教えてくれました。

大人は、時間内にきっちりと食べ終わる子どもが理想だと思いがち。子どももなんとかそうなりたいと努力しています。でも、これは理想が間違っている。大切なことは、「時間内に食べる」ことではなく、「楽しく、おいしく食べる」こと。私たちは、つい自分の都合や周囲の目を気にして、子どもに間違った理想を教えてしまうことがあります。

だから、理想通りにいかないことなんて、いっぱいあります。

自分にとっての理想が、子どもにとっての理想とは違っていることなんていくらでもある。そのたびに、微調整し、自分もいっしょに学んでいけばいいんです。

自分の理想を再点検してみるのもいいかもしれませんね。

親が失敗を語ること

2017年に『君たちはどう生きるか』(吉野源三郎著)という本がリバイバルヒットしました。この本は、コペル君という少年が叔父と対話するなかで哲学的なことを考えたり、友達を裏切って引きこもりになったりと、いろいろと面白いシーンがあります。

この本について、中学生と話をしていたとき、大人では思いつかないところに生徒の多くが感動していることに驚きました。

それは、お母さんがコペル君に、自分が女学生の頃の失敗を語るシーンです。

言いたいのに言いだせない。動きたいのに動けない。ダメな自分。悔いの残る私。

そんなことを語ります。このシーンに対して、

「うちのお母さんは、失敗談なんて語ってくれない」

「悩んでいたことなんて教えてくれない」

と、口々に生徒が私に言うのです。


子どもの前で完璧でいようとするお母さん。なんでも知っていて、子どもの欠点をいつも発見する全知全能の神みたいなお母さん。

でも、子どもが本当に知りたいのは、「お母さんも人間、失敗すれば、悩みもする」という姿です。


お母さんに励ましの言葉をかけたり、エールを送りたくなる。

お母さんの失敗や悔恨、疲れている姿や丸まった背中を見せることで、子どもは「あ、お母さんも普通の人間なんだ！」と思える。

「お母さんも失敗するなら、失敗する『自分』も決して悪くない」と自分を受け入れられるようになる。お母さんにシンパシーを感じることもあるかもしれません。

弱さもしっかり見せることで、子どもは成長していきます。

たまには子どもの前で、ため息をついて、弱いところを正直に見せちゃいましょう。

「母親失格」というレッテルを剝がそう

メッセージの中に「理想の母親像」という言葉があります。
優しくて、賢くて、いつも子どものことを第一に考えるような姿でしょうか。

こうした理想を掲げることはとても大事だと思います。
でも「理想」は、子どもができたからといって自動的に手に入るものではないのかもしれません。ゆっくりとゆっくりと、理想に近づいていければ、それでいいんじゃないのかなぁ。

現実は理想からは程遠く、子どもの弱点や欠点を見てしまう。
でもそれは当たり前のことです。
親が「うちの子は足が遅い」と気づくことで、子どもは「もっと速く走ってみたい」と思う。これが動物なら、天敵から逃げる力になります。

親が子どもに「落ち着きがない」と叱ることで、子どもは社会性を身につけます。

動物なら外敵から身を守ることにつながります。

親が「この子は内弁慶だ」と見抜くことで、子どもは対人関係の難しさを知ることができます。動物なら種の保存にすら関わることかもしれません。

欠点や弱みを見つけることは、悪いことではありません。それで子どもの「生きる力」は確実に上がるのですから。


親は子どもの欠点を見つける天才です。

子どもの欠点を見つける自分を肯定し、「親として当然だ」くらいに思った瞬間、「あれ、うちの子にはこんないい面があるんだ」と子どものポジティブな面に気づくようになるはず。

子どもの一番近くで、愛情を注ぎながら「客観的に子どもを見守る」ことが大切なんじゃないでしょうか。

そもそも親に「合格」も「失格」もありません。

だから、あなたに「母親合格だよ」なんて言うつもりはありません。けれど、理想からかけ離れた姿になってしまった自分を「母親失格」なんて言わなくていい。あなたは子どもを客観的に見て、子どもを社会の荒波から守ろうとしているのですから。

「こんなはずじゃなかった」と苦しいときは、理想の「こんなはず」から少し離れて、今の自分をほめてあげましょう。

赤ちゃんの頃の写真を見なくても、今の子どもを見て、頬が緩んだり、ほっとできるようになりますよ。

子どもにとって親は、初めて自分の背中を押してくれる人。生涯のファン第一号。

ゆっくりと、ゆっくりと、親になっていきましょう。

レッテル 13

モテない男です。

人生でモテたことがありません。
これからもないと思います。
見た目にはそれなりに気をつけているし、
女性と話せないわけではありませんが、
女性からはイジられたりする方が多いです。
自分には魅力がないのでしょうか。
だんだん女性にバカにされているような気分に
なってしまいます。
男として、モテない人生なんてつまらないですよね。

—— 茂木（26歳）

「モテ」ってなんだろう

これは私が教えている大阪芸術大学での話です。

放送学科の学生に「恋愛ドラマを面白くする方法」という課題でレポートを書かせたあと、みんなで討議しました。

ほぼ80％の男女が、恋愛ドラマに否定的。中には、恋愛そのものに「いらない」と答える子がいて驚きました。

「誰がそんな恋愛を理想と決めたのだ」

「ハッピーエンドで終わることなどない」

「なぜ、いつも男女なんだ？　その枠がつまらない」

「キラキラした部屋、広すぎるオフィス。アホか」

「カップルを監視カメラで追っかけた方が面白い」

「理解できない。恋愛感情というものがわからない」
「3、4年、恋愛ドラマの放送をやめたらどうか」
「使える展開をこすり倒して新鮮味がない」

どこまで読んでも、肯定的な意見が出てきません。出てきたとしても「韓国ドラマは、現実と離れているから笑える」といったシニカルなもの。

結局、この講義で今の大学3年生が語ったのは、「型にはまった理想の恋愛のどこが面白いんだ？」ということでした。

毎週、テレビの恋愛ドラマを楽しみにしていた私には、隔世の感がありました。

もちろん、これは一大学の講義でしかありません。日本人全体がこう考えているわけではないでしょう。

しかし、コロナを経験し、SNSがここまで発達し、お見合いに代わって「マッチングアプリ」がこれだけ興隆な現在、過去の恋愛、モテる、モテないという基準も大きく変わっているように思うのです。

「推し」というモテ

今は、「好きな人」と言わず、「推し」と言うようです。

「私の推しは、女性なんですけど、中学からの親友で……」と女子学生が言ってくる。「女性ですけど」といちいち断るのがミソで、「推し」には「異性」も「同性」もあります。だから、最終的に自分と結ばれることよりも、「相手が幸せになることを応援できれば、それでいい」と言います。

元は「アイドル」に使われていた「推し」という言葉が普段の生活に入ってきました。これはコロナ禍で「ソーシャルディスタンス」が浸透しすぎた結果ではないかという説もありますが、理由は明確ではありません。

しかしバーチャル空間がこれだけ支配する中で、リアルな肉体が随分、希薄になっているのは事実のようです。

――と、長々と書いてきました。

それは、あなたの言う「女性にモテたい」という気持ちを見つめ直してもらいたいと考えたからです。

「モテる」「モテない」って、実は今、いろんな価値基準があるのではないでしょうか。

あなたは自分を「モテない」と決めつけています。

でも、それって、昔ながらの枠にはまったものではない？

自分がリアルに暮らしている場所、仕事、世代、自分の過去の経験にとらわれすぎていませんか？　型にはまった理想を求め、型にはまった目で女性の視線を感じていませんか？

今の学生たちを見ていると、人が人を好きになるってもっと自由でいいんだ、「モテる」という基準はもっといろいろあるんだ！　という気がしてくるのです。

「モテたい」から離れる

もちろん、中には「モテたいオーラ」を前面に出している男子学生がいます。服装も目つきも明らかに「モテたいオーラ」を発しています。

彼を見て、女子は、「痛い」「こじれた中二病」などと言います。

ひどい言い方ですが、これは大学生に限った話ではありません。

私の教え子だった、現在アラサー前後の女性たちも「モテたいオーラ」に対しては否定的。理由を聞くと「YouTubeを見れば、もっとモテたいオーラいっぱい出した面白い人がたくさんいる。中途半端なのは痛い」なんて言います。日常では知り得ない人を簡単に見ることのできるメディアの発達によって、中途半端な「モテたいオーラ」は痛いと感じられてしまうようです。


「だったら、どうすればいいんだよ！」

という怒りの声が聞こえてきそうです。


結論を急ぎましょう。

それは、あなたが感じている女性の目や「モテない人生」から一度離れてみる。「モテない」というのは、半分以上、あなたのバイアスのかかった見方に思えるからです。

「モテない」というレッテルを剝がそう

これは、法則のようなものです。

男性誌で紹介されているファッションは実際には女性ウケが悪いことがあります。おそらく、逆も然りです。

「こうすれば、モテますよ！」という商業ベースの言葉に煽られて、自分の体形、年齢、個性を顧みずに飛びつくと痛い目に遭う。私はこれで何度も失敗してきました。

つまり、「モテ」の多くは、恣意的に、商業的につくられたものが多いのです。

こんな「モテ」のバイアスからは一刻も早く離れた方が、精神衛生上もいい。

世の中には、あなたが思っているよりもっといろいろな恋愛形態があり、モテのかたちがあります。

私の友人で、一年に一度、イタリアにオリーブを摘みにいく男がいます。

普通に生活をしているのですが、そのときばかりは、イタリアの太陽の下で、オリーブを摘み、オリーブ油にして持ち帰ってくる。

それだけのことですが、モテます。

いや、尊敬されています。

「異性にモテたい」よりも大切なもの、「好きなもの」がある。そういう匂いを発散した瞬間に、「推し」が増える……つまりモテるのです。


あなたのメッセージには、女性にイジられたり、バカにされたりするような気分を感じるとあります。これは少々、あなたの尺度から見た女性の目を気にしすぎているように思います。

「モテない」という意識から少し離れて、自分の熱中できるもの、あなたなりの「オリーブ」を探してみてはいかがでしょうか。好きなことを始めた瞬間に、枠にはまった「モテる」「モテない」からきっと解放されます。

何かを楽しんでいるあなたに、尊敬の目が注がれ、あなたを「推す」人が現れることを祈っています。

レッテル
14

都合のいい女です。

色恋の話ではありません。

共働き夫婦で子どもがいます。

基本的に私のワンオペ育児で生活が成り立っており、炊事に洗濯、掃除など家事全般、子どもの学校関連はすべて私が担っています。

事前に夫婦間で分担の取り決めをしなかったのが失敗だったと思います。

私が「もうやらない」と言えば、夫もやってくれるかもしれませんが、結局私がやった方が早いし、面倒なので言いません。

ごはんはおいしそうに食べるし、休日の運転はお任せしているし、まあ私が我慢すればいいか。

それで丸く収まりますよね。

―― 都合良子（45歳）

がんばる自分をハグ

都合良子さん、毎日お疲れ様です。

家事、育児、仕事……何役もマルチタスクでやっている。寝る時間どころか、座る時間もないのではないでしょうか。それでいて、丸く収まることを優先して、我慢する側に回っている。

もしかしたら、ちょっとがんばりすぎかも。少しは発散しないと、心身が参ってしまいますよ。

「夫がやってくれるかもしれない」ならば、多少遅くても、下手でも、任せる機会を増やしたいところです。秒単位でも、自分の時間をつくりましょう！

今の日本の45歳。いわゆる氷河期世代といわれる人たちは、ひとりで抱え込む傾向がとても強いように思うのです。

育ってきたのは、どっぷり昭和の世代です。しかし、部下たちは、ジェネレーションZといわれる世代。

間に挟まれた良子さんたちの世代が、上と下に突き上げられて「私がやらなければ」「私がやるのが一番早い」と考えてしまうのも理解できます。

旦那さんも、多少の差はあっても昭和的な環境で育っているはず。家事や育児を「やる」と言いながら、「お手伝い程度」と潜在的に思っている人が多いものです。

あなたの人生は、子どもや旦那さんの人生まで背負っているように見受けられます。我慢していると、何もかもがワンオペになってしまいます。

それはいけない。今の生活から抜け出す時間を少しでもつくれるといいですね。

手を抜いても構わない

このメッセージを読んで感じるのは、あなたがキチンとした性格だということ。

自分がキチンとやらないと気が済まない。自分の中にとても高いハードルがあって、それを乗り越えないと「やった感」が得られないのではないでしょうか。

だから人に頼めない。自分がやった方が早いと感じてしまう。まずは、そのハードルを思い切り下げましょう。


「完璧を目指さない」


これです。

私の友人に、恐ろしく仕事のできる女性がいます。その上、娘さんと自分のお母さんとの3人暮らしで、家庭も切り盛りしている。どうしてそんなにできるのか？と尋ねたところ、「埃《ほこり》で死んだ人はいない」が家でのモットーだそうで、掃除も洗濯も料理も手を抜けるところは徹底的に抜く。「手を抜くためにはなんでもする」と笑っていました。

そう。手を抜くことは悪いことではない。多少手を抜くことは、当たり前のことです。自分に課したハードルを思い切って下げることを心がけましょう。

家事を「見える化」する

もうひとつ大切なこと。

それは「言えばやってくれるかも」「ごはんをおいしそうに食べてくれる」ということで夫を許すのではなく、一度真剣に話し合ってみませんか。

私は、コロナ禍にあった3年間、夫婦のトラブル相談をいくつも受けてきました。コロナ禍になって、24時間いっしょに暮らすようになり、初めて夫の性格が見えてきた――そんな人がとても多いようです。

「ない時間をやりくりして私が洗濯して畳んだタオルを、まるでティッシュのようにポンポン使って洗濯機に放り込む。さすがにイラッときて、洗濯は夫にやってもらうと決めた」と言う人がいました。たしかにタオル一枚、洗濯して畳むのも手間です。あなたはきっとその何倍もの家事をひとりでやっていることでしょう。

簡単なことでもいい。多少目をつぶれる家事を探してみませんか。

まずは、今あなたがやっている家事を紙に書き出します。できるだけ細かくです。「ゴミ出し」ではなく、「ゴミの日の朝、家中のゴミを回収する」「ゴミを出す」「ゴミ箱に新しいゴミ袋をセットする」「ゴミ袋の在庫を確認し、減っていたら買い物リストに追加する」と、目の前に情景が浮かぶように書いていきます。

夫が想像しているよりもはるかに多くの仕事があるはずです。それを「見える化」することが大切。その紙を真ん中に置いて、自分にしかできない仕事と、夫にもできる仕事を分けていくのです。

ポイントは、あなたが決めるのではなく夫に「意見を言わせる」ことです。そうすれば、ちょっぴり責任感も生まれるはずです。

「都合のいい女」というレッテルを剝がそう

自分が我慢して、丸く収めようとしている良子さん。

そのがんばりを「都合のいい女」だなんて、いくらなんでも自虐が過ぎます。「自虐」を通り越して「卑屈」になる前に、うそでもいいから、がんばっている自分を思い切りほめましょう。

自分の声を一番聞いているのは自分自身です。自分に向かって、声にして、

「すごいぞ、私！」

と毎日何回も言いましょう。言い聞かせるのです。

すると、脳が「自分はすごい」スイッチに切り替わって、自分を「都合のいい女」だなんて思わなくなるはずです。

そして自分の腕で自分を抱きしめる「セルフハグ」もしてください。

この効果は絶大で、「愛情ホルモン」とも呼ばれるオキシトシンが分泌されて、ほっとした気持ちになれます。

お風呂に入るとき、寝る前、料理を作り終えたとき、「すごいぞ、私！」と言ってセルフハグをして、にっこり笑うのです。うそだと思って、やってみてください。

自分の最愛の人は、自分。
そんな気持ちを込めて、毎日、自分を大切にしてくださいね。

子育てを終えた多くの母親から、こんな言葉をよく聞きます。

「あの頃は、座ってごはんを食べる時間もなかった。自分のことなどひとつも考えられなかった。でも、それは本当にわずかな時間で、今となってはあれだけ熱中できた時間が懐かしい。本当によくやったと思う」

あなたのワンオペ生活も、きっと一生は続きません。
よく見ると、子どもや夫との関係も、毎年、少しずつ変わってきているはずです。
振り返ったとき、あなたの「今」がすてきな時間として思い出せるように、私も祈っています。

レッテル
15

親を大切にできません。

歳の離れた末っ子に生まれ、家族の愛を一身に受けて育ちました。

たいそうかわいがられた自覚があります。

でも、親に何でも話せたかというと全くそんなことはなく、子どもの頃から家は居心地の悪い場所でした。

その理由は今でもわかりません。

虐待されていたわけでも、毒親でもありませんが、大人になってから意見の違いで大きな口論を何度かしました。

そのときに、「一生わかりあうことはない」と確信し、一定の距離を保つようになりました。

今、年老いた親が、私や子ども（孫）に会いたいと連絡をよこしてきても、実家に帰りたいと思えません。

子どものために、盆と正月くらいは帰りますが……。

このままだと、親が死んでから後悔するのでしょうか。

―― ねこみ（43歳）

親孝行はもうできている

親の問題は、ほんと、難しいです。

本やネットで心理学や教育の専門家がいろいろアドバイスをしています。それらを読んで勉強もするのですが、相談に来られる人の環境、背景、親子双方の性格や言動があまりに違って一般論では対応できません。もちろん、私がこの分野の専門家ではないこともあります。


ねこみさんとは、生きてきた時代も親子の環境も違います。だから自分の経験も知識もあまり役に立たない。

ですので、今から話すことは絶対ではなく、一個人の意見だと思ってください。

感情がむき出しになる親子関係

母親から電話がかかってきたときに、ぶっきらぼうな声で、「今、忙しいから！」と不機嫌な対応をしてしまう。

せっかく作ってくれたもの、送ってくれたものに対して「こんなのいらない」とつっけんどんな態度をとってしまう。

「どうして親に対しては、こんな態度をとってしまうのだろう」と思うことがしばしばです。

しかし、最近、私は「こういう態度こそが、本当の私じゃないだろうか」と思うようになりました。

心の声に従えば、どんな人にも「うぜぇ」「めんどくせぇ」「知られたくねぇ」なんて思っている。しかし、他の人に対してこんな態度をとったら生きていけないので、少しお化粧した言動をしています。

でも、親に対しては、そうじゃない。

生まれたときから私を見ている親にはある意味、うそがない。うそがないからこそ、「ここは隠したい」と思うところは平気でうそをつく。都合のいい自分を演じる。悪態ついて喧嘩もする。感情がむき出しになる。本当の自分が丸出しになる。

それが親子関係じゃないか、と私は思うのです。


きっと、そんな人は少なくないんじゃないかな。

自分勝手に心配して、人の都合も考えずに電話をしてくる親に対して、ずっと優しく応対ができるなんて変ですよ。どこかにうそがある。

親は、自分の感情をむき出しにし、うそのない自分に気づかせてくれる存在なのではないでしょうか。

社会の矛盾の原型が親子関係

さらに親子関係を考えます。

血でつながっているということをいったん横において、共同体を営む構成員として家族を考えると、苦しくなるのが当たり前のように見えてきます。

まずは、生きてきた時代が全く違うこと。

親世代なら、日本は高度経済成長の真っ盛り。「努力さえすれば、明日は必ずよくなる」という空気が日本中に漂っていた世代です。

それでいて、明治以来の家父長制度や、良妻賢母的な価値観が当然の時代でした。あなたが育ってきた環境とはかなり違うはずです。

世代、時代、価値観が違うにもかかわらず、「家族」という共同体のパワーバランスは、圧倒的に親が強い。子どもの意見など微々たるもので、「家族」という共同体は親の力に支配され、そこから逃れることのできない立場に子どもはいます。

養ってもらっているので、大きなことは言えない。しかし、子どもが成長し、自分なりの価値観で生きていこうとするためには、この古い共同体から抜け出そうとするのは当然のことです。

つまり、あなたが、親と一定の距離を保つようになったのは至極自然なこと。親より長い時間を生きていくために必要不可欠なことに思えます。

こう考えてくると、親を大切にできないというあなたの悩みは、多かれ少なかれ、誰もがもっていることのはず。そして、それこそが、うそ偽りのない自分の感情なのではないでしょうか。

決して悪いことではありません。普通のことなのです。

「親を大切にできない」というレッテルを剝がそう

それでも腑に落ちないのが、親子関係の難しいところです。

「親を疎んじるのは、人間の正直な感情なんだ」「家族という共同体を子どもが出よう、壊そうとするのは当たり前のことなんだ」とわかっても、残るのは「罪悪感」です。

ここまで育ててもらった恩、なんやかんや言っても、衣食住を与えてくれ、それなりの教育を施してくれた恩に対して、冷たい態度をとっていいものか。
その罪悪感を拭い去るのは難しいでしょう。

ここで私が、とある中学校の卒業式で校長先生から聞いた話をご披露します。

「あなた方は、親に、生まれた喜び、手を握り返したあたたかさ、初めて立ったときの感動、ご飯をいっぱい食べ、かわいい寝顔を見せここまで生きてきたことで、たくさんの幸せを与えています。いわば、産んでくれた恩は、こうした気持ちを親に抱かせることで返しているのです。だから、巣立ちましょう。自分の思い通りの道を進んでください。これからは、それが親への感謝になるのです」

「親の恩を忘れるな」という話ではなく、「すでに恩は返している」。
これからは自分の自由な道を進め。
それを邁進できる体力と知力と人柄をつけてくれた親に感謝をして、自分の道を歩めという話。

過干渉の親が多いといわれる中、実に思い切った祝辞でした。

あなたも、愛情いっぱいに育った人です。その時点で、あなたは親に「産んでくれた恩」を返しています。あとは、罪悪感をもたず、自分の道を進んでいいのです。

最後にひとつだけ。

今の親は、あなたが若い頃に接していた親ではありません。残された時間は無限ではありません。これまでの親子の感情とは別に、親に残された時間の中で、あなたが何をできるかは考えた方がいいかもしれません。盆と正月に帰るだけでもいい。あなたにとってちょうどいい親との距離感を保ちながらも、断絶しないこと。

日々、老いていく人間に、あなたがどう接するかについて、あなたの本当の感情が心の奥底にあるんじゃないでしょうか。

時は驚くほど早く過ぎ、人はそれに抗えないことも忘れずにね。

part.

4

あなたなら、
だいじょうぶ

レッテル
16

若い子には
勝てません。

どうがんばってもおばさんであると、
受け入れざるを得ない歳になりました。
皮肉でも自虐でもなく、若い子には勝てません。
若いだけで本当にかわいいし、輝いています。
間違いなく、若さは武器です。
私は武器を失い、今は丸裸です。
若さに代わる武器は「図々しさ」です。
それでいいのか、自分!!

—— むぎまる(43歳)

人生のキャンバスに色を重ねよう

もう随分前ですが、私も40代に入った頃に同じようなことを考えていました。いろいろたるんでくる。がんばりが利かなくなる。開き直る機会も増えた。朝、鏡の前に立つと、ぎょっとするほど老けこんでいて愕然としたのも、この時期でした。

当時、50代の先輩から、

「40代は、青春の老年期。しかし、50代になると老年の青春期になる。だから、50代は案外楽だ。40代はつらいぞ。50代、60代より老年を感じるはずだ。『若い時代からの決別』の時だからな」

と言われました。励ましたつもりでしょうが、「若くないことを自覚しろ」と言われているようで、落ち込んだのを覚えています。

きついよね、40代。

〈年齢のレッテルを剥がす方法①〉年齢マイナス20歳

40代の頃、私は自分を見失っていて、「占い」にはまりました。

39歳で離婚して、これまで築いてきたものをすべて失っていた。「一体、何が楽しくて生きているのだろう」と考えると、絶望的な気分になります。

自分が今、どういう状態なのかを客観的に知りたくて、あちこち回って占い師の言葉を聞いていました。

「おままごとのような生活が終わったということ。これからが本当の人生だ」

「あなたは人よりも多くの色が見える。その特性を生かした仕事をするといい」

「大器晩成ですね。しかし、晩成するにはもう少し時間がかかります」

当時、さまざまな占い師に言われた言葉です。かなり著名な人もいました。

どれも当たっているような、当たっていないような……考えれば考えるほど、わからなくなりました。

そんなとき、知り合いの占い師がこういう話をしてくれたのです。

【年齢から20歳引いた年齢】が社会人年齢と考えるんだ。

ひきたさんは、今、40歳。20引けば、20歳。つまり【社会人ハタチ】だ。

ひきたさんは、今ちょうど、社会人として成人したようなもの。

生きていく上での、甘い、からい、苦いがわかってきた。

ここから大人としての人生が始まるんです。

60歳の人ならば、20引いて【40歳】。ちょうど今が働き盛り。まだ体力もある。十分な経験もある。今が一番、脂がのっているんです。

定年退職でもう人生終わりだ、なんて考えるのはもったいない。


若い子は確かに羨ましい。「あの輝き、あの躍動感は私にはもうない」と思う感覚もわかる。

でも、この占い師に倣えば、43歳のあなたは、今【23歳】になります。

23歳といえば、楽しい学生生活が終わって、社会人としてデビューする頃。不安も多いけれど、目の先には、【23歳】からスタートする人生が前途洋々に広がっている。――そんなふうに考えてみるのはいかがでしょうか。

〈年齢のレッテルを剥がす方法②〉37歳で年齢を止める

子どもの頃、母が懸賞のハガキを書いているのを見ました。年齢を書く欄に「37歳」と書いていました。

「うそだ！　41歳なのに！」

と私が言うと、

「お母さんは、37歳で年齢を止めたの」

と言って笑いました。

以降、母の書くものを見ると、いつも年齢の欄には37歳と書いてあったのです。

その母の言葉です。

自分が何歳になったかなんて気にするのは、人間だけ。

犬は、自分が何歳かなんて、知らないで生きているでしょ。

だったら、自分の好きな年齢で止めればいいのよ。

37歳で止める。

そのあとの誕生日は、年齢を重ねるものではなくて、〝自分だけにやってくる特別な記念日〟くらいに考えればいい。

年齢になんて縛られることはないでしょ。


私は、母のこの言葉に深い感動を覚えました。

母の教えに従い、私は「19歳」で年齢を止めています。

それは浪人生だった年です。苦しい時期でしたが、学校をはじめ組織に縛られることがなかった。「合格」というゴールを決めて、コツコツと努力をした。その頃の気持ちを忘れたくないと考えました。


母は今年、92歳です。健康診断結果は「オールA」で、しっかり歩くこともできます。多分、心の中は、37歳なのでしょう。

私もいい年齢になってはいるものの、未だに現役の学生たちから流行りの音楽やファッションを教えてもらっています。大人ぶって「自分はこれを知ってる」という思いで心を閉ざすことのないよう、19歳の気持ちで生きています。

年齢なんて、人間が考え出した便宜的なものです。

理想の年齢を設定して、愉快に生きてみるのもいいのではないでしょうか。

〈年齢のレッテルを剥がす方法③〉年齢を（かっこ）に入れる

しかし、これはあくまで年齢に対する考え方の話です。実社会で19歳のように振る舞うのは難しいですね。

ならば、普段の生活ではどうすればいいか。

心理学者の河合隼雄さんはこんな方法を語っています。


「年齢を（かっこ）に入れる」

年齢を無視してしまうと、人から「いい歳をして！」と言われる。かといって年齢を意識しすぎると「もう歳だ！」と動けなくなる。

そこで、「むぎまる（43歳）」と、年齢を（かっこ）に入れるのです。

まずは、年齢を無視してやりたいことをやってみる。失敗したらかっこ内の年齢を眺めて「やっぱりダメだったか」と笑えばいい。

はじめから「43歳だから」とあきらめるのではなく、失敗したときの口実に「43歳だからね」と使うのです。そんな気の持ちようもあります。

「若い子には勝てない」というレッテルを剥がそう

年齢を重ねながら、さまざまな経験をする。これはちょうど、絵を描くときに使うパレットにたくさんの色がのせられていくようなものではないでしょうか。

若い頃、「悲しい」と言えば、単色のブルーしかなかったのに、経験の中で、インディゴや藍色やくすんだサックスブルーのような青系の色が増える。それによって、「悲しみ」に濃淡がつけられるようになる。

あなたの言う「若さに代わる図々しさ」とは、感情の色数が増えて、いろいろな思いに対応できるようになったことではないでしょうか。

そんなふうに、歳を重ねて得たものもたくさんあるはずです。

国民の平均年齢が、50歳に迫ろうとしている今の日本。むぎまるさんは、まだ平均年齢にすらなっていません。

年齢のレッテルを剥がし、年齢をうまく使いこなして、暮らしていきませんか。人生とは、自分で物語をつくっていくことなんですから！

「年齢なんて、便宜的な数字にすぎない」と考えてみる。すると、今のあなたの素晴らしさがきっと見えてきます。

若いだけが価値あることじゃない。年齢が若くても、心が老化しちゃっている人はたくさんいます。年を重ねて得たあなたの価値に自分で気づけるように、肩の力を抜いて、今の自分を肯定してあげましょう。

今週の私は
37
才
1
4

レッテル
17

アピールポイントがありません。

これから就活が始まります。

小学校時代はサッカーをやっていたけれど、遊びの延長程度で中途半端に終わりました。

中学も高校も帰宅部。

勉強は苦ではなかったので普通に大学に進学して、コロナ禍でサークル活動や飲み会もなく（コロナがなくてもサークルには入らなかったかもしれませんが）、リモート授業をこなし、塾講師のバイトで小銭を稼ぎ、何に使うわけでもなく何となく過ごしていたらもうすぐ就活が始まります。

自分が企業を選ぶほどやりたいことがあるわけでもないので、無難なところを受けるつもりです。

ただ、自己PRすることが皆無だと気づきました。

何もない人間は、何をPRすればいいんでしょうか？

―― ター坊（20歳）

あなたの歴史を開示しよう

私は現在、２つの大学で教鞭をとっています。

教師生活は10年近くになりますが、毎年ター坊さんのように「ＰＲするものがない」という学生が相談にやってきます。その数たるや、恐ろしいものです。

心配することはありません。あなたが、普通なんです。

体育会に入っているとか、バイリンガルだとか、そういう誇れるものをもって、行きたい企業を受ける人は圧倒的に少ないということを、まず肝に銘じてください。

日々の生活に、誇れるものは隠れている

数年前、私のところに女子学生がきました。

就活の相談にきたのですが、ルーズリーフに2、3行、米粒のような字で書いてあるだけ。エントリーシートに書き込むネタが皆無の状態でした。

「私、学生時代、何もやってないんです。部活はやってない、留学もしてない、学校行事でがんばったこともない、本も読んでない、成績もそんなによくない。書けるものが何もないんです！」

と急に言いだし、涙ぐみました。

私は、「大丈夫、多くの学生はそんなもんだ」と言い、詳しく彼女の生活を聞きだしました。

「何もできなかったのは、家に祖母がいて、その面倒を見るために早く帰らなければならなかったからなんです。だから、学校で何もできなかった……」

と聞いて、彼女にこう言いました。

「何もやってないわけじゃないじゃない。おばあさまの面倒を見ていた。これだって立派な『自分の誇れるもの』だよ」

彼女はポカンとしました。

彼女が目指していたのは、ホテル業界です。インバウンド指向が強く、英語力が重視されていました。その実力は彼女にはなかった。しかし、これからの超高齢社会を考えれば、シニアの気持ちに寄り添える人材は必要です。

私は彼女に、介護の様子を細かく書き出すように言いました。するとと「お味噌汁の飲み方ひとつで体調がわかる」という書き出しから高齢者に寄り添う様が書かれていました。

彼女は、即座に内定をとりました。それも最高峰のホテルです。

4年間、何もやっていない人は、滅多にいない。

マンガを読み耽《ふけ》っていた、バイトに明け暮れていた、ゲームに興じていた……何かをやっているはずです。それを「何もやっていない」と断じず、「これをやってきたんだ」と胸を張るネタに変えればいいだけの話です。

探してみてください。あなたにもきっとありますよ。

エピソードノートを書こう

就活というものは、幼稚園か保育園から始まった学生生活にピリオドを打つためのもの。「この期間で、私は何を経験し、学んできたか」を棚卸しするものです。

だから、就活のネタは、自分の中にあります。

ネットでよさげなPRネタをコピペして貼りつけても、会社にはすぐにバレます。

こういう輩はとても多いので、人事の方も学んでしまっているからね。


先ほどの「祖母の介護」のようなネタを見つけるために「エピソードノート」を作ることをおすすめします。これは、生まれてから今日までの自分を一年一年振り返っていくために記述するノートです。書き方は、こうです。

1. ノートを開き、左ページに「0歳」と書き、右ページに自分が生まれた年を書く。2002年とか、西暦を書きましょう。

2．次のページを開いて、「1歳」と左に書き、右ページに1歳のときの西暦を書く。
これを続けて、20歳のページまで書きましょう。


その見開きは、あなたの、歴史ページです。

例えば17歳と書いたページを開いて、17歳のときの自分を思い出しましょう。打ち込んだこと、好きだった人、挫折したこと、うれしかったこと……なんでも構いません。それを左ページに書きます。

右ページには、その年に起きた事件や流行した言葉などをネットで検索して書き込みます。こうすると、自分が17歳のとき、社会はどんな状況だったかを語ることができるようになります。人事の人に「あぁ、あの時代ね」とわかってもらえます。


これまでの人生を一年一年吟味する。

好きだった言葉、読んだ本、親の一言、旅行先での出来事、受験のつらさ……。

歴史ページができたら、今のあなたを形成している10個のエピソードを選んでみましょう。そのエピソードが、自分の原点を語るネタになります。

ある学生は、「9歳のとき、母に買ってもらったラジオが私の原点です」というネタでエントリーシートを作成し、見事にマスコミの内定を勝ち取りました。

ぜひあなたも「エピソードノート」を作ってみてください。あなたにも、きっとすてきなエピソードがあるはずです。誰ももっていないあなただけの体験談。これを掘り下げてみてください。きっと自分を発見できます。

「アピールポイントがない」というレッテルを剝がそう

30代の頃から、採用面接に携わり、同時に学生の就活アドバイスをしてきました。関わった学生は、3000人を超えるでしょう。今では、当時の学生たちが、さまざまな分野で大活躍しています。彼らが、特に秀でていたかというと、そうとも限りません。地味なアピールポイントしかない学生もたくさんいました。

何が、違ったのでしょう。

それは、「自己開示能力」、自分の悩みや弱点までをカラッと言ってのける力です。似たような言葉に「自己呈示力」があります。こちらは、自分のよい面だけを公開する力です。多くの学生のアピールは、自己呈示力で作り上げられている。悪い言い方をすると、印象操作をしているわけですね。しかしアピールポイントが「印象操作のネタ」レベルでは、採用担当者の心は動きません。

「エピソードノート」を書きながら、自分という人間を開示する力をつけること。弱点を含め、ありのままを開示する幅を広げておくこと。

ありのままのあなたを、カラッと伝える力こそが「アピールポイント」なのです。

就活はある意味、お見合いのようなもの。戸惑うことも多いでしょう。世代の違う人と話が合わず苦労することも多々あるはずです。運もタイミングもあります。受験勉強と違って、相手のあることですから理不尽なことも多いかもしれません。

だから、「私は、ダメだ」なんて考えないで大丈夫。これまで積み重ねてきたものに自信をもって、次へ次へと進んでいきましょう。

9
2012
10
2013
FM AM

レッテル
18

老害でしょうか。

自分たちの頃とは時代が違うことはわかっています。
ガッツも野心もない、
でもおいしい思いをしたこともない、そんな部下たちに
自分の論理は通じないのかもしれません。
しかし、志は高くもってほしいし、
この願いを伝えるのが自分の役割だと思っています。
時に厳しい物言いになってしまうこともありますが、
反骨精神でがんばってくれることを期待しています。
ただ、正直に言うと、
最近「老害」という言葉を目にすると
ドキッとするようになりました。
自分は老害なのでしょうか。
―― 与作（55歳）

自分の中の「思い込み」を直視する

私も同じ世代です。あなたの気持ちが痛いほどわかります。

「もうちょっと踏ん張れば、到達できるのに」

「実力はあるんだから、もう少し目標を高くもてばいいのに」

と、若い人の話を聞くたびに思います。「親心」に近いものですよね。

心の奥底では、与作さんの思いに、「そのとおりだ！」と共鳴しています。

しかし、世の中の流れは、思った以上に早いようです。

大学で講義をするたびに、生きてきた時代、価値観の違いに愕然としています。

学生にわかりやすいだろうと思って「ドラゴンボール」の話をしたら、ほとんどの学生が知りませんでした。「北斗の拳」はさらにひどい。

一度「巨人の星」というう昭和を代表するマンガの画像を見せたことがあります。父親が、息子を殴りつけている。ちゃぶ台がひっくり返り、料理が宙に舞っている。それを見た瞬間、学生の顔が凍りつき「こんなDVをテレビで流して問題はなかったのか」「暴力といい、料理の扱いといいSDGs的に問題がある」と、真剣に怒りだしました。

こうしたものを喜んで見ていて、精神論ばかりを押しつける、「老害の極みだ！」という空気になっていきました。正直ゲンナリしましたよ。

無意識の思い込みが「老害」を生む

しかし、学生や若い社会人と長く接していて、「なるほど、彼らが我々を『老害』と言うのも一理あるな」というのが私の実感です。

これだけインターネットが生活に入り込み、今やリアルとバーチャル空間の境目がないような生活をしている彼らと、リアル一辺倒で、「がんばれば、報われる」と信じていた私たちでは価値観が違うのは当然のこと。

それは十分わかっているつもりでも、態度や発言に、若い世代に対する偏見がにじみ出てしまうのです。注意しなければいけません。

「アンコンシャス・バイアス」という言葉をご存じでしょうか。

「アンコンシャス」は「無意識」、「バイアス」は「偏見」です。つまり「アンコンシャス・バイアス」とは、知らず知らず無意識のうちに出てくる思い込みや偏見のこと。これは今、あらゆる企業が、ビジネスコミュニケーションの課題に位置づけています。

では、どんな「アンコンシャス・バイアス」があるのでしょう。代表的なものを4つ挙げます。胸に手を当てながら聞いてください。

1　ステレオタイプ（決めつけ）

・今の若いやつらは、辛抱が足りない。
・女は無駄口が多くて、話が長い。
・若いから、ＩＴは得意だろ。

まるで常識であるかのように決めてかかる。これは誰もがやってしまいがちです。今の50代が社会に出たのは、女性の本格的な社会参画を定めた雇用機会均等法が施行された時代。まだまだジェンダーやハラスメントに対する意識が低い時代です。

つい無意識のうちに「女は」「若い連中は」「理系出身は」「営業のやつらは」など、その人の属性を主語にした「決めつけ」をしていないでしょうか。その決めつけが、時代とズレていないでしょうか。細心のチェックが必要です。

2　慈悲的差別（よかれと思って）

・お前の将来を思って「今、がんばれ」と言っているんだ。
・産休明けだから、大変だろうと思って、この仕事から外した。
・お前は外で経験すればもっと成長できると思って、転勤してもらう。

相手の気持ちを確かめず、自分ひとりで「よかれと思って」発言したり、行動する。自分では、相手のためを考えてよいことをしていると信じきっている分、修正が難しいんです。いかがですか、やっていませんか。

3　確証バイアス（都合のいいチョイス）

・あの会社もやっているから、うちがやっても大丈夫だろう。
・太田専務も山崎局長も言っているからやろう。
・みんな「あの言い方はひどい」と言っていたよ。

自分の思い込みを正しいものであるように見せるために、自分にとって都合のいい情報ばかりを集める。上位者が権力のある人の名前を並べれば、即パワハラです。

4　生存バイアス（成功者の偏見）

・俺の時代は「24時間闘えますか？」と言われて働いたもんだ。
・俺だって、今のお前みたいにつらい時期はあった。でも、それを乗り越えて強くなってきたんだ。
・野球に強くなれ。俺は得意先が、大のジャイアンツファンだから必死に野球を覚えて、相手の懐に入っていったんだ。

いわゆる「自慢話」です。

老害とは、タイムパフォーマンスの悪い自慢話を若者に聞かせて悦に入ることです。自分では気持ちよく、相手のためになると思っている分、始末が悪いです。

いかがですか。

あなたの発言「ガッツも野心もない、でもおいしい思いをしたこともない」は「決めつけ」ではないですか。「志は高くもってほしいし、この願いを伝えるのが自分の役割」は、「よかれと思って」やっていませんか。

きっと悪気はないし、本当に部下を思い、自分のもっている知識や経験を活かしてほしいと願っているのでしょう。しかし、それを相手が生きてきた時代背景、環境、価値観を知らぬままに話していると、相手に「老害」と思われる確率は高くなってしまいます。

「老害」というレッテルを剥がそう

「老害」と思われないための、あるいは「老害」にならないための解決方法は、たったひとつです。

「自分には、アンコンシャス・バイアスがある」と強く思うこと。

同時に、若者もその時代の「アンコンシャス・バイアス」にかかっていることをよく理解して、語りかけていくこと。

「自分は若い」と思っている若者も、次の時代の若者がやってきて、今の若者を「老害だ」と言うようになります。事実、「ゆとり世代」といわれる人たちも、下の世代からは「ソフト老害」と言われているのです。

時間は誰にでも平等に流れ、誰一人同じ姿でいるわけではない。だから自分を「老害」とレッテル貼りする必要はありません。

自分が30代であれ70代であれ、そして相手が30代であれ、70代であれ、自分と違う時間と環境を生きてきた人たちとの「アンコンシャス・バイアス」を強く意識する。「これって普遍なことかな。私の偏見ではないかな」と謙虚に考える気持ちをもつ。

これを心がければ、あなたの経験談を聞きたいと思う若者も増えると信じています。——自戒を込めて。

レッテル
19

変われません。

今の自分が嫌いです。
5年くらい前までは、もっとポジティブで、
いやなことがあってもなにくそ根性でがんばれました。
今は偏屈、卑屈、口を開けば不平不満ばかり。
本来の自分はこうではなかったはずなのに、
と思ってしまいます。
根拠のない自信でも、ないよりはマシですよね。
今、とても生きづらいです。
思考や性格を変えられたらいいのにと思う一方で、
変わる努力をするのもしんどいです。
私は変わるべきなんでしょうか？

―― 新月（38歳）

性格を変えなくても、だいじょうぶ

のっけから私ごとで申し訳ないです。

私は、39歳の時に離婚しました。

11年続いた結婚生活が破局になった。魔法から覚めたかのように、ありとあらゆるものが自分の周囲から消えていきました。

モノと同時に、自信もなくなりました。未来も見えなくなりました。猛烈な自己嫌悪と自暴自棄。自分のことが大嫌いになりました。じっと手を見ているうちに、その手までが醜いものに見えたものです。

しかし、この自己嫌悪は、離婚だけが原因ではありませんでした。

多分、39歳という年齢もあります。

40歳を目の前にして、何一つ成し遂げたもののない焦り。同期が出世し、あるいは家族と楽しそうに暮らしている。「それに比べて私は……」とつい考えてしまう。新月さん同様、5年前には「なにくそ」とがんばる気持ちがあった。でも、40代手前までくると、がんばったところでどれくらいの成果になるかが見えてしまう。こうなると、がんばることよりも、あちこちに見えてきた世の中の仕組みの醜悪さ、人間の狡猾さ、きれいごとばかり言う人間の傲慢さなどを罵りたくなる。自分のことは横に置き、世の中をなじりたくなりました。

布団かぶって寝ちまえ

こんな私を変えてくれたのは、仲良くしてもらっていたフランス語の翻訳家の人の言葉でした。

「悩んだら、布団かぶって寝ちまえ」

たったこれだけ。

しかし、私にとってこの言葉は救いになりました。

「そうだよな。爪かじってイジイジしている暇があったら、寝た方がましだ」

そう思って布団に入る。なかなか眠れませんでしたが、それでも布団の中にいると、体の芯から疲労がにじみ出ていくのがわかりました。

熟睡すると、しばらくの間は、恨みつらみが軽減します。あれほど嫌いだった私自身も、「あぁ、ゆっくり眠れて生き返った」と言っているように思える。

「布団かぶって寝ちまえ」は、意外にも大きな効果をもたらしてくれました。

自己嫌悪に陥ったら、変わる努力をする前に、まず寝ることです。「ホワイトノイズ」といわれる、深い睡眠をとるための音をスマホで流しながら寝てみてください。

あまりにもシンプルで拍子抜けかもしれませんが、自分嫌いのひとつの答えとして、まず体を休めることをおすすめします。努力せずとも、状況が少し変わります。

違う自分になる日をつくる

もうひとつご紹介します。これは私の友人から聞いた話です。

高校の頃からうつ病で悩まされた彼女は、その後も突発的に症状が出ることに悩まされていました。

病院にも行きました。薬も飲んでいます。しかし彼女は、口角を上げて笑うことができなかったそうです。

そんな彼女を救ったのは、黒い帽子でした。

「Yohji Yamamoto」と書かれたその帽子をかぶると、少しだけ、いつもの自分と違うような気分になる。

そこで彼女は、Yohji Yamamotoの服を買い揃え、休みの日などに街を歩いたそうです。

いつもと違う自分になる。

思考や性格を変えたいと思いながら、なかなかその手立てが見つからなかった彼女は、いとも簡単に、違う自分になる方法を見つけました。

「服は、自分を変えるために着る」

と彼女は言います。知り合いに「どうしたの？」「イメチェンした？」などと言われる心配のないところで、自分を思いっきりイメージチェンジする。

そうこうしているうちに彼女は、強固な自分の殻を破って、生き方、考え方を変えることができるようになったそうです。

「変われない」というレッテルを剥がそう

「布団をかぶって寝ちまうこと」

「ファッションをがらりと変えること」

この2つに共通するものは何でしょう。

それは「行動」です。

行動は、感情に優先します。「寝る」「着る」という人間にとって当たり前の行動を意識的に変えていく。するとと不思議なことに、変えようとして変えられなかった自分の性格や考え方が変わり始めます。

性格や思考を変えるのは、大変なこと。努力ではどうにもできないのではないでしょうか。「変われない」のは、ごくごく普通のことなのです。だから、「変われない」自分を責めなくても大丈夫。

唯一できるのは、「行動」を変えることです。それも日常茶飯な「寝ること」「食べること」「歩くこと」「着ること」「見ること」「聞くこと」などを変えるのです。ストイックに新しいことを始めたりしなくてもいいのです。

スマホのショート動画ばかり見て、時間を浪費する「行動」をやっていたとしたら、「ゆっくりお風呂に入る」「布団をかぶる」などと「行動」を変えてみる。すると、考え方が変わってくるものです。

38歳。確かに生きづらい年齢です。

偏屈、卑屈、口を開けば不平不満を言いたくなる気持ちもよくわかります。

振り返って思うのは、長い人生、こういう時期もきっと必要です。私も「アラフォー時期の落ち込み」があったことで、その後の人生が充実したと思っています。

そんな時期は焦らないこと。卑屈な自分、不平不満を言う自分に、おいしいごはん、あったかい布団を与えてあげて、晴れた空の下を歩くこと。着てみたかった服を着ること。そんなふうに行動を変えて自分を休ませ、なだめ、大切にするのです。あなた自身が気持ちよく、清々しくなるような行動をしてみてください。

あなたの相談にちゃんと乗れたかどうかは不安ですが、とりあえず今日はぐっすり寝てください。

レッテル
20

夢がありません。

将来の夢がありません。
何をやってもそれなりにこなせるし、
与えられた仕事をやることは嫌いじゃないです。
でも、やりたいことがなく、
このまま適当に仕事を続けて人生を消化していって
大丈夫なのかな？　と不安に思うことがあります。

―― 秀でない秀男（27歳）

夢のかけらはすぐそばに落ちている

将来に夢がない。適当に仕事をしていれば、苦もなく楽もなく時間を消費できるから、問題がないと言えば、問題がない。しかし、やりがいや生きがいというものがない。「今日も生き切った！」という手応えがない。

秀男さんの不安、私も会社勤めのときに何度となく感じていました。

文豪・芥川龍之介は、自死する直前にこんな言葉を残しています。

「何か僕の将来に対する唯ぼんやりした不安である」

これが原因と決められない、「ぼんやりした不安」としか言いようのない将来への不安です。同じ不安を、あなたも抱えているんじゃないでしょうか。

将来の夢について考える

私は、東京都板橋区の小学4年生に向け「2分の1成人式」という授業をやっています。「10歳のときに『将来何になりたいか』を考えよう」という内容で、子どもたちにできるだけ具体的に夢を描いてもらいます。

この授業を始めた頃は、プロサッカーの選手、学校の先生、トリマーなど私にもよくわかる仕事が並びました。ところが、コロナ禍以降は、ユーチューバーの数がぐっと増えました。それも「教育系ユーチューバー」や「ビジネス系ユーチューバー」と細かくセグメントされています。

続いて「eスポーツプレイヤー」「ゲームクリエーター」になりたい人が増えました。「医者」も多くなったのですが、理由を聞くと、「コロナのような事態になっても食べていける」という答えが返ってきた。将来の夢が、時代や環境に大きな影響を受けることを目の当たりにしました。

あなたは、小学4年生の頃に、どんな夢をもっていたでしょうか。

今でもその夢を実現したいと思いますか？

もし、今でも実現したい！　と思っていたらすてきなことです。しかし、多くの人は、当時と今とで夢が変わっているのではないでしょうか。


私は、それでいいと思う。

当時は、生きている世界も小さかった。その上、時代や環境の影響も受けていた。だから違って当然です。

夢は、常に暫定的なもの。仮にしばらく置いておくようなものだと私は考えます。だから今日の夢が、明日実現しなくても構わないし、明日には明日の夢があればいいと気楽に考えています。

弔辞で読んでもらいたいこと

しかし、その暫定的な夢すらもてないのが、今のあなたなのかもしれません。

器用貧乏がゆえに、なんでもソツなくこなしてしまう。そこそこの夢を実現できる人は、大きな将来の夢を考えるのが苦手なものです。

私も長く同じような状態でした。

広告会社で可もなく不可もなく働いていて、「このまま人生は、あっという間に終わってしまうんだろうなぁ」なんて考えていたのです。

しかし、そうは問屋が卸さなかった。50代で「がん」を患い、幸いなことに復帰はできたものの、「ぼんやりとした不安」にさいなまれたのです。

「このまま、時間を消費しているだけで、いいのか」

「せっかく再びもらったこの命を、無駄遣いしてもいいのか」

そんなときに出会ったのが、ハワイ大学名誉教授の吉川宗男さんでした。長く哲学を教えていた先生がこんな話をしてくれたのです。


君の葬式のシーンを考えてほしい。

君は自分の葬儀をじっと見ている。

一番の友人が、弔辞を読んでいる。

さて、そのとき、君は、どんなことを読まれたらうれしいだろう。

周囲からどんな人だと思われ、何をやった人だと言われたいだろう。

その弔辞こそが、君の「夢」なんだ。

その夢から逆算して、これからの生活を考えていけばいい。


私は、この言葉に衝撃を受けました。

自分のお葬式をゴールにして、人生を考える。さっそく、これをやってみました。

そして吉川先生に言われたもうひとつのこと。


「自分の墓碑銘になる言葉を考えなさい」


墓石に刻まれる、自分の一生を表現する言葉です。私はこれも真剣に考えました。

「弔辞」と「墓碑銘」。この2つをリアルに考えることで、私は小学生のような夢から脱し、腹の据わった生き方を手にしました。

具体的なことをこまごまと書く必要はありません。

スティーブ・ジョブズなら、「宇宙を凹ませる人」と書いたでしょう。私は、「言葉の力で人を笑顔にした」と考えました。
ぼんやりでいい。あなたの実現したい夢を言葉にしてみてください。

いのちの喜ぶ生き方を

日々の生活に夢がなく、無味乾燥な状態が続いている。そんなあなたに、吉川宗男先生の言葉をもうひとつプレゼントします。

「いのちの喜ぶ生き方をする」

どういうことでしょう。先生は説明してくれました。

駅で、階段とエスカレーターがある。
エスカレーターを使った方が便利だ。
しかし、そこで考えてみよう。

どちらの方が、いのちが喜ぶか。

階段は大変だけれど、生きていく筋肉や神経のためには、階段を使った方がいい。

ならばそっちを選択する道を選ぶんだ。


これは日々の生活にも応用できます。

「2つの仕事は、どちらがいのちが喜ぶだろうか」

「ここで休むのと、このままやり終えるのと、どちらがいのちが喜ぶだろうか」

こんなふうに「いのちの喜ぶ生き方」を、ものごとを判断するモノサシにするのです。その「いのちの喜ぶ」選択が、いくつか集積してきたときに、あなたのいのちが喜ぶ本当の生き方、夢が見つかるのではないでしょうか。

「夢がない」というレッテルを剥がそう

自分がこの世を去るときに、どんな人間でありたいか。それを考えるのも「夢」です。

同時に、「いのちが喜ぶには、一駅歩いてみようか」と考えて、小さな一歩を踏み出す姿を想像することも、私は「夢」だと思います。

とかく「夢」というと、「あんな仕事をしたい」「こんな地位につきたい」と考えがち。また、現実とかけ離れた遠い将来のことと思ってしまいます。

しかし、夢ってもっと身近なところにあるものなのかもしれません。


あなたが「人生を消化している」と書いている時間の中にも、「休みに何をしたい」とか「今、どんな気持ちでいたい」とか、夢のかけらがたくさん落ちているはずです。

それに気づき、「昨日より今日がちょっといい」と感じられた程度のことでも、立派な「夢の実現」ではないでしょうか。

「夢がない」というレッテルを剥がして、「どうしたら私のいのちが喜ぶかな」と考える。そんな小さなところから、夢のある生活は始まるのだと思います。

自分の時間を大切に。

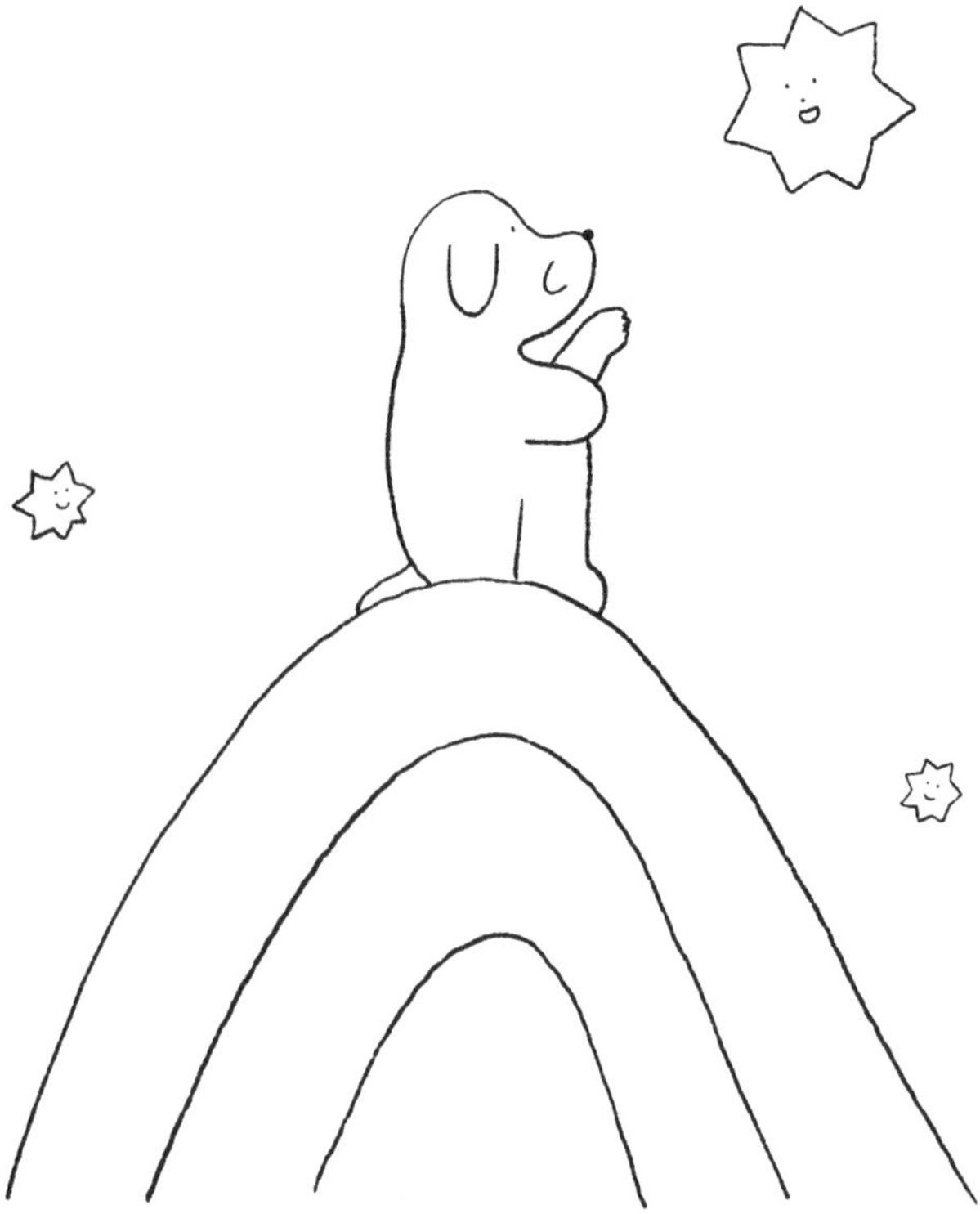

レッテル
21

向上心がありません。

常に成長しなければいけないのでしょうか?
目の前にあることを、
粛々と進めるだけではいけないのでしょうか?
上を目指せ、業績を上げろと言われますが、
それは私の幸せにつながるのでしょうか?
向上心に燃えていた頃もありました。
でもそれは持続しません。
疲れてしまいます。
私は昭和の年功序列社会でもよかったと思っています。
実力主義では、能力のない人間や向上心のない人間は
無価値だと言われているようなものですから。
人生100年時代なんて、冗談じゃありません。
あと何十年、成長を強いられるのでしょうか。

—— ぬるま湯(45歳)

向上心がなくても成長している

ぬるま湯さんの「向上心」に関する思いに共鳴します。

もっとも私は昭和に育った人間なので、お気持ちのすべてをわかると言えば、うそになるでしょう。

私の育ってきた時代は、子どもの頃が高度経済成長期でした。

偏差値で大学が振り分けられましたが、その先の企業は年功序列で終身雇用。

会社は安泰、向上心をもって努力をすれば給料も地位も上がるという環境で暮らしていました。

だから、氷河期時代を生き抜いてきたぬるま湯さんの気持ちが「わかる」と言えば、うそになります。

だから、私の世代からの言葉しかお伝えできません。その点はご容赦ください。

時代が変わったのに人が変われない

一番感じるのは、私の世代の不勉強です。

自分以外の育った環境を知ろうとしない態度です。

多くの企業の社長や役員、ジャーナリストや政治家といった社会的責任のある立場に、私の同年代がたくさん就いています。

同じ時代を生きた仲間が、世の中を牽引する姿に敬意を表すると同時に、「ちょっと待ってくれ」という思いがあります。


彼らの多くが、自分が生きてきた時代のやり方で、今の時代を引っ張ろうとしているのではないか。日本も会社も安泰で、働けば働いた分、企業も自分も成長できるという神話を今も信じているのではないか。

人の幸せは、成長し、競争に勝ち、社会的ポジションと金銭的余裕によってもたらされると、腹の底から思っているのではないか。

そうでなければ、30年前と同じような企業の枠組みで、ノルマを課したり、前年度と比べて一喜一憂しているわけがないと思うのです。

もちろん企業ですから、収益が上がることは大切です。しかしそのために、社員の向上心を煽り、兵隊のように扱っていたのでは、誰もついてこなくなる。同世代はそれに疎い気がするのです。よほど過去の成功体験がすごかった。そこから抜けられずにいるのでしょう。

残念なことにあなたは、こうした過去の栄光にしがみつく人の下で、働いているようです。楽しいわけがない。「成長」や「実力」が、結局は「金儲け」にしかつながっていないことに違和感を覚えるのは当然のことでしょう。

私が、こうした思いに至るのは、毎週大学で若い子たちと接しているからです。先日私は、講義の中で、安易に「人は成長してこそ、生きている実感が味わえるものだ」と言ってしまいました。

「私は、家族で時々焼肉を食べにいくときに幸せを実感します。両親もそう言います。私は、企業でがんばることよりも、家族で焼肉を食べにいくことに価値を見いだす人間でいたいと思います。生きている実感とはそういうことではないですか」

「静かに暮らしたいのに、いろいろな問題が、絶えず私に降ってきます。目的をもって前に進むことなんてできない。降ってきた問題に答えを出すことで精いっぱいです。この上、成長しなくてはいけない人生なんていやです」

「私は、成長なんて考えたくありません。そんなことより、毎日じーんと心に響くことを大切にしたいです」

その日に学生が書いてきた講義の感想は、こういった声であふれかえりました。多くの学生が、ぬるま湯さんに似たような気持ちをもっている。だから、ぬるま湯さんに共鳴すると冒頭で書きました。すべてわかるわけではないことを承知の上で、「気持ち、わかります」と書いたわけです。

成長とは、絵の具の色数が増えること

私の人生を振り返っても、「成長」を実感できたことはほとんどありません。

この年齢になったから、後付けで「成長」したようなことを言っていますが、そのときは、ただ悶々として、ジタバタしているだけでした。向上心をもって、事にあたり、成功した体験などほぼありません。

成績がよかったり、儲かったりしたときもあったけれど、それを「成長」なんて感じることはなく、「まぐれ」くらいにしか思えませんでした。

ただ、感じるのは、向上心をもとうがもたなかろうが、失敗しようが成功しようが、何かをやれば、さまざまな感情が起きます。挫折、悔恨、あきらめ、喜び、感謝、反省、有頂天、友情、愛情、孤独……まるでパレットの上にチューブから絵の具が出されるようにさまざまな色彩が増えていきます。

成長というものは、この色彩が増えていく感覚を言うのではないかと、最近私は

思い始めています。


感情を織りなす絵の具の色が増えていく。

それで、人の気持ちがわかるようになる。

自分に湧き上がった感情を、過去の色と比べることができる。

こんなふうに、人と自分を理解するための色彩が増えることを「成長」と言いたいものです。


どんなに向上心が高くても、それが赤一色に染まったものでしかなければ、あまりに単純です。相手の心情など理解できないでしょう。

あなたにも、「成長」とは、心の色数を増やすことだと考えてもらえるとうれしいです。そうすれば、美しい海を見ることも、ハラハラドキドキする映画を見ることもみんな「成長」につながる。それでいいのではないでしょうか。

「向上心がない」というレッテルを剥がそう

最後に、「向上心」について書きます。

先述の学生が書いたように、この時代は、色々な問題が絶えず降ってきます。

パンデミック、戦争、大災害、政治腐敗、経済危機……そんなことが日常茶飯で起き、誰も彼もがアップアップなのが現状ではないでしょうか。

降ってきた問題に直面する。これはもう立派な「向上」です。

「向上心」なんてなくていい。答えを出さなくてもいい。ジタバタしているだけで、私たちは、立派にこの理不尽な世界と戦い、価値ある人間になっているのですから。


私は、向上心という言葉が嫌いです。

「向上心がない」——なくてもいいじゃないか！

一生、ジタバタ。これでいいと思っています。

あなたの心のパレットがきれいな色でいっぱいになりますように。

レッテル貼りは、もうやめよう。

ここまで21の悩みに耳を傾けてきました。

私なりに、全力で皆さんを肯定し、経験と知識を総動員して、応援の言葉を送ってきたつもりです。

もちろん、それぞれが置かれている環境や生きてきた時代について、詳しく知っているわけではありません。中には見当違いなものもあったかもしれません。

そういう方に対しては、自分の力不足を認め、素直にあやまります。

ごめんなさい。


悩みはそれぞれでしたが、全員が、自分に「レッテル」を貼りつけていました。

「自己肯定感が低い」「コミュ障」「不寛容」「ネガティブ思考」「口下手」「性格が悪すぎる」「コスパが悪い」「ダメ上司」「社畜」「問題意識が強すぎる」「本気で人を好きになれない」「母

親失格」「モテない男」「都合のいい女」「親を大切にできない」「若い子に勝てない」「アピールポイントがない」「老害」「変われない」「夢がない」「向上心がない」……

こうしたレッテルを自分に貼りつけて、「私は、〇〇な人間です」と言っていました。

このレッテル貼りこそが、悩みを解決するときの大きな弊害になる――と、最初にお伝えしました。

なぜ、人は自分に「負のレッテル」を貼りつけてしまうのか。

なぜ、「レッテル貼り」が悩みを解決する弊害になるのか。

あらためて、いっしょに考えてみましょう。

脳は、命令された情報を集める装置

なぜ「負のレッテル貼り」が弊害になるのでしょう。

それは、脳という器官が、指令に忠実に応える装置にすぎないからです。

あなたが「私は口下手だ」と宣言する。

すると脳は、それが本当かうそか考えることなく、過去の中からあなたが「口下手」で失敗した情報を集めてきます。

「そういえば、小学校2年のときの授業参観で緊張して何もしゃべれなかった」
「中3のとき好きな子に告白しようとして、一言も声が出なかった」

脳はこうした情報を瞬時に集めて、あなたが「口下手」である証拠固めをしてしまいます。
こうなると、あなたは「口下手」を直すより自分が「口下手」であることの証明ばかりに力を入れるようになってしまうのです。

悩みを語る多くの人が饒舌になりがちなのも、きっと自分に貼った「負のレッテル」を証明するための過去の事例を脳が一生懸命集めてくるからでしょう。

セルフハンディキャップから逃れる

人前に出たとき
「私は語彙が少ないので、うまく話せないのですが……」
と先に自らにレッテルを貼って、周囲に宣言する。
これを「セルフハンディキャップ」といいます。

失敗しそうなときに、先に弁解をしておくこと。これを言うことで、相手に「確かに、うまくないけど、少ない語彙でよく話せたよ」なんて思ってもらいたいと期待します。

一見、有効に見えますが、このように自分で自分を「コミュ障」だの「アピールポイントがない」などと言って逃げ道をつくってばかりいると、脳はいつも弁解や防衛の方法ばかり考えてしまいます。

これを直すには、「自分にレッテルを貼ろうとしている自分」にいち早く気づくことです。口癖になっている場合もありますので、注意深く自分の言葉を観察するようにしましょう。注意深くなれば、それだけで、レッテルを貼る気持ちが薄れます。

もうひとつ大切な改善ポイントがあります。
それは、「決めつけないこと」です。

「私は〇〇です！」
と決めてかかってしまうと、脳はその情報を集め始めます。
だから、

「自己肯定感が低い」→「自己肯定感が低い日もある」

「本気で好きになれない」→「今のところ本気で好きになれない」

「親を大切にできない」→「親を大切にできないときもある」

「夢がない」→「今は語るべき夢と遭遇していない」

など、ニュアンスを少し曖昧にするだけで、脳の「負の証拠固め」を避けることができます。

あなたが、あなた自身を全力で肯定する言葉

さて、最後に、「あなたが、あなたを全力で肯定する言葉」を5つほど紹介します。

どれも驚くほど簡単で、すぐに使える言葉です。

1「ま、いいか」

ミスをしても、自分を許す言葉です。

レッテル貼りは、自分を厳しく律しようとする行為。

これに対し「ま、いいか」と許しの言葉を投げかけることで、気持ちをほがらかにしましょう。

2「どうせ……うまくいく！」

どんなつらい目にあっても、最後の最後は、ハッピーエンドに終わるに決まっていると強く信じる言葉です。

「どうせ……」と否定的な気持ちになったら、すかさず、「うまくいく！」と言うのです。

ネガティブな気持ちをすぐに吹き消しましょう。

3「ゆっくり前へ」

焦りは禁物です。

人と比べず、ゆっくりでいい。止まってもいいのです。時間があいてもかまわない。

人と比べず、驚くほどのマイペース。

ゆっくり、ゆっくり、歩む自分をほめてあげる。

長い人生なんだ。ゆっくりでいいんです。

4「じーん」を大切に

頭で考えてばかりいると、どうしてもネガティブになってきます。

だから、考えない。心で感じる。

おいしいものを食べて、じーん。

映画を観て、じーん、
美しい空を見上げて、じーん。

頭で考えるのではなく、心で感じることで、レッテル貼りばかりしていることの無駄に気づくはずです。

5「ありがとう」

日本語の中で最強の言葉。

人生を前向きにする呪文です。

苦しいとき、つらいとき、「ありがとう」と言って、誰かに感謝したい気持ちを思い出す。

「あぁ、あのとき、あの人に、あんなによくしてもらったな」

と思い出せば、自分がひとりじゃないこと、応援してくれる人がいることを思い出すはず。

「ありがとう」とたくさん言う。

これ以上、自分を好きになれる方法を私は知りません。


私たちは、大変な時代を生きています。

戦争、パンデミック、大災害、インターネットやＡＩによる社会の変革、世代格差、先行き不安な経済……そんな中で、悩みや不安を抱えながらも懸命に生きている。

それだけで、奇跡ではないでしょうか。

私は、そんなあなたを全力で肯定します。


ゆっくり、ゆっくりでいい。

動けなければ、空を見上げるだけでいい。

深呼吸して、また一歩足が出せたなら、そんな自分に拍手。

あなたはすごい！


自分の人生を、大切に。

おわりに

他人を全力で肯定する。
そんなことができるのでしょうか。

誰かを肯定するときには、「こちらも肯定してもらいたい」「批判や否定をすると面倒なので、とりあえず肯定しておく」「考えてない。意見がない。だから、肯定しておく」なんて気持ちが働いてしまいがちです。

だから、「全力で肯定する」裏には、こちら側にも「認められたい思い」や「逃げたい気持ち」があるのではないか。さらに、書こうとすると、どうしても自慢や上から目線の言葉が交じるのではないか。そんな思いがあって、こうした本を書くのに躊躇していました。

そんな気持ちが変わったのは、長く勤めた会社を卒業し、大学で教えるようになってからです。

年齢でいえば40歳以上の差がある、価値観も考え方も全く違う学生たちが、ひっきりなしに研究室にやってきて、勉強、就活、恋愛、親子関係、いじめ、過去のトラウマ、密かに恐れていること、親にも言えないことなどを話していく。

どれひとつ、まともに答えることはできません。

「うまく答えられないなあ……」と内心落ち込んでいると、部屋を立ち去ろうとする学生が、「せんせ、最後に、ええこと言って、背中押してください！」と背中を見せました。

私は、その肩を見つめ、「ええこと」を言おうとした。

「思うとおりにやればいいから」と、口をついて出たのですが、彼女は振り向き、にっこりと笑って、「平凡やな」と言ったのでした。

完璧にスベったのですが、それでも彼女はうれしそうにしてくれる。「ヨシ！」と力こぶしを握って部屋を出ていきました。

ちっともうまくいかなかった。学生の優しさに救われた。しかし、私はこの瞬間、人を全力で肯定することができたように思ったのです。

うまい言葉は見つかりません。解決も納得も解決策も与えることはできません。

しかし、相手の背中を押したいと思う気持ちは、私なりには純粋で、自己承認欲求も、逃げも、責任逃れをする気持ちもありませんでした。

この経験ののち、私はいろいろな職種、世代、地域の皆さんの悩みの相談を肩肘張らずに受けられるようになったのです。

偉そうに、人の悩みを解決することなどできないと悟った。その代わりに真摯に寄り添う気持ちは確かなものになったようでした。

人が悩むと、大抵のことは複雑になります。この本に登場する多くの悩みも、悩みすぎてこんがらがっています。自己バイアスがかかり、「こうに違いない!」と思い込んでいる人が大半です。

仕方ない。それが「悩む」ということですから。

これを解決しようとするのではなく、私の知識と経験を踏まえて、相手の背中を押す。その生き方を全力で肯定すればいいのです。

悩んでいる人は、私の話を聞いて「こうじゃないんだよな」「私とは反対の考え方だ」と思うかもしれない。それでいいと思っています。

人の言葉が耳に入ると、人はひとりで悩むことから、相手の言葉で考えるモードに入ります。するると、大抵のことはシンプルになっていくものです。

これを私は「あなたを全力で推す力」だと思っています。


執筆にあたりましては、辰巳出版の小林裕子さんに大変お世話になりました。このコラムは、辰巳出版のウェブマガジン「コレカラ」に連載されたものがベースになっています。

毎月、小林さんから送られてくる「悩み相談」は、私の経験したことのない境遇や時代背景を背負ったものが大半。書くために、似たような悩みを抱える人を何人も取材してまとめていきました。小林さんの千本ノックなくして、この本は成立しませんでした。

そんな取材に嫌な顔をせずに答えてくれた親友の真井紀子さん、小幡茉莉子さん、大阪芸術大学の神原晴香さん、松田紗香さん、上原響さん、貴重なアドバイスをありがとうございました。


幸せなことに私は、毎朝「全力で肯定する言葉」を浴びて生きています。

6時20分ちょうどにかかってくる92歳の母からのモーニングコール。

「今夜は雨になるから傘をもっていきなさい」「明日から気温が下がるらしいよ」そんな話ばかりです。

早くに起きて天気予報を見ている。それを私に伝えることで、体調を崩さ[illegible]遣ってくれているのです。

この一言が、どれだけ私の自尊感情を高めてくれることか。母の言葉に、私は毎日背中を押されています。

できれば、この本の中の一言半句が、あなたの背中をさすり、人生を後押しし、心が軽くなってもらえるなら著者冥利につきます。

世界は、ますます混沌とし、人間関係は希薄になるばかり。肯定的な未来は描きにくいのに、時間は刻々と過ぎていきます。

だからこそ、時に弱音を思い切り吐きましょう。「私は、実はすごいんだ！」とカラ元気を出しましょう。

そうしてジタバタしながら生きていくことをこれからもいっしょに楽しんでいければ幸いです。

次回また、あなたと出会える日まで、全力で応援しています。

ひきたよしあき

ひきたよしあき

スピーチライター、コミュニケーションコンサルタント。
（株）SmileWords代表。大阪芸術大学放送学科客員教授。早稲田大学法学部卒業。
元（株）博報堂クリエイティブ・ディレクター。政治家、行政、大手企業のスピーチライターとして活躍し、
現在は企業や各種学校をはじめ、JFA（日本サッカー協会）、浄土真宗本願寺派などでも講義。
世代間のコミュニケーションギャップ、価値観や言葉遣いの違いなどを分析し、
コミュニケーション能力を高める方法を伝授している。教育WEB「Schoo」、
朝日小学生新聞WEB「みんなをつなぐ新聞」などでも人気を博している。
『5日間で言葉が「思いつかない」「まとまらない」「伝わらない」がなくなる本』
（大和出版）他著書多数。

イラスト 江夏潤一
デザイン albireo
DTP 山口良二
校正 安久都淳子
編集 小林裕子

あなたを全力で肯定する言葉

2024年7月20日　初版第1刷発行

著　者 ひきたよしあき
発行人 廣瀬和二
発　行 辰巳出版株式会社
〒113-0033
東京都文京区本郷1-33-13 春日町ビル5F
TEL　03-5931-5920（代表）
FAX　03-6386-3087（販売部）
https://www.TG-NET.co.jp
印刷・製本 中央精版印刷株式会社

＊本書は辰巳出版のWEBマガジン「コレカラ」の連載「あなたを全力で肯定する言葉」を再編集したものです。
＊本書の内容に関するお問合せはメールにて承ります。お電話でのお問合せはご遠慮ください。
info@TG-NET.co.jp

ISBN978-4-7778-3126-5　C0095